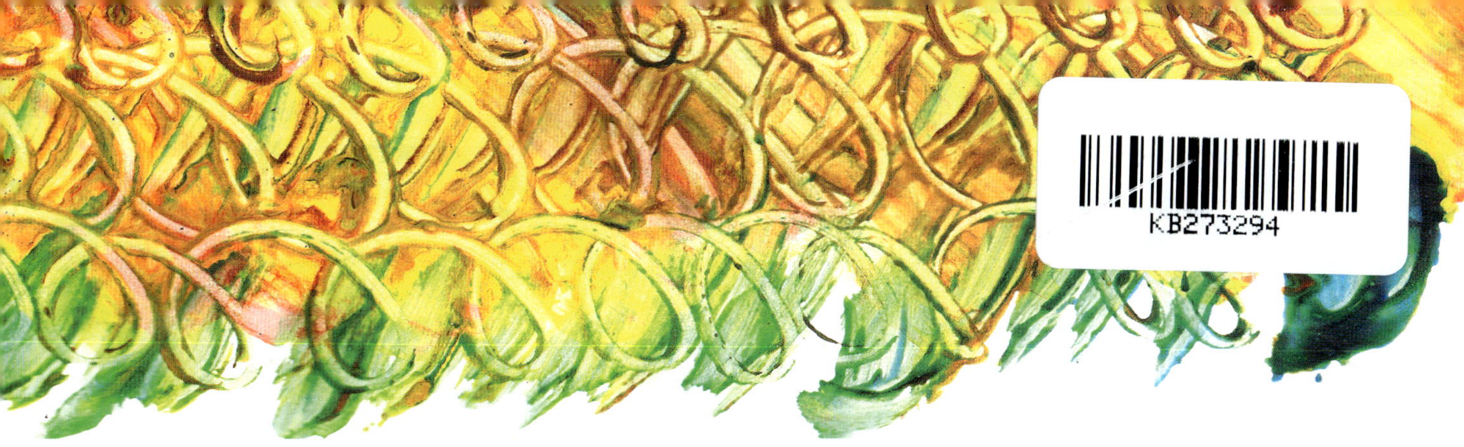

어린이 북아트 2급

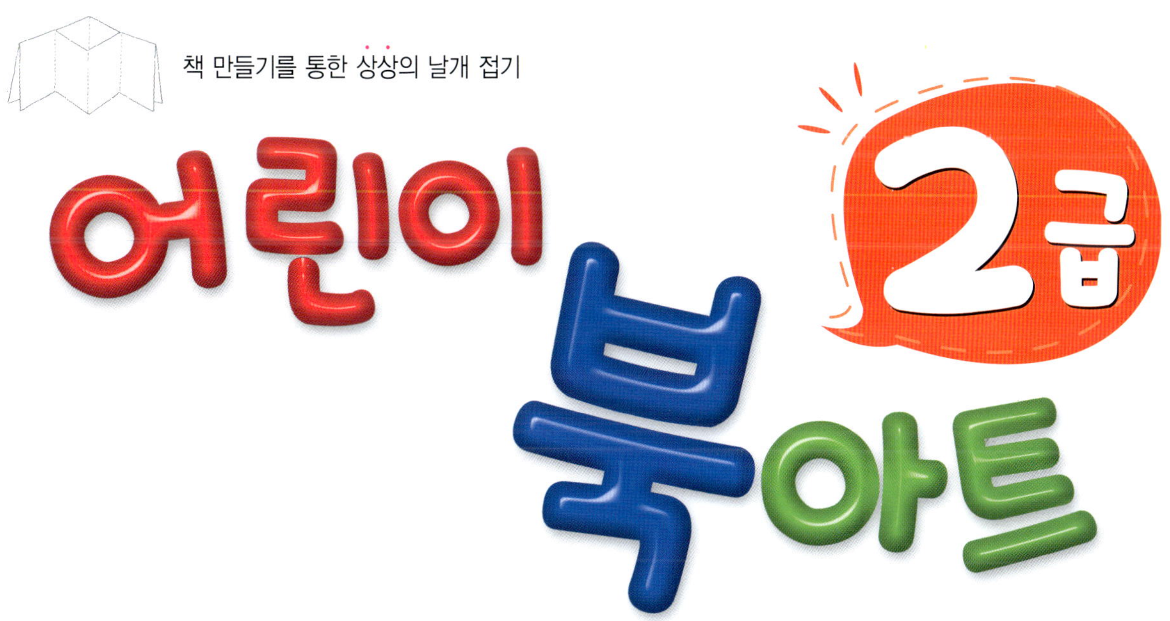

김 나 래 지음

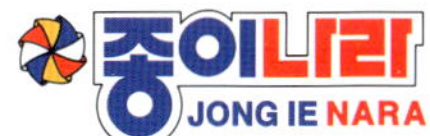

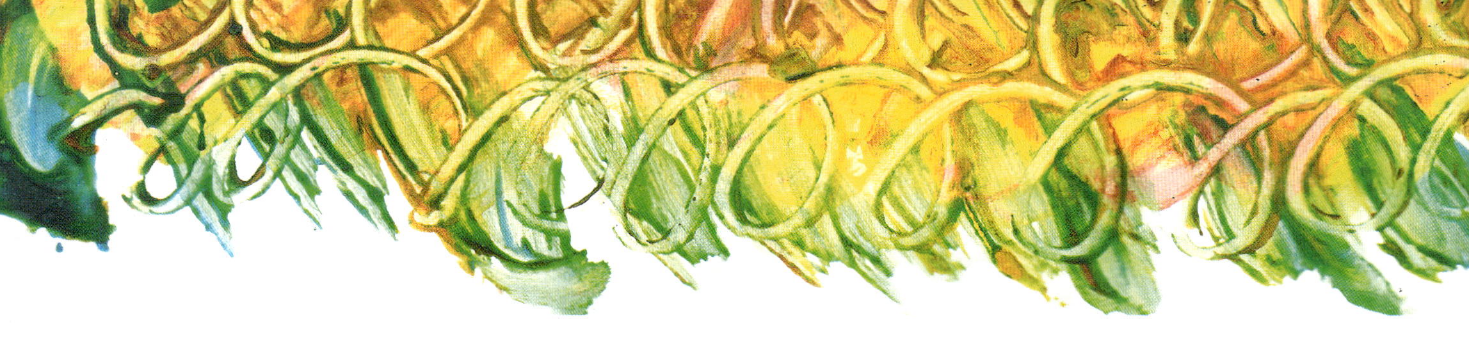

Contents

4 | 인사말

#01.북아트 바로알기

8 | 북아트란 무엇인가

10 | 북아트 기본 구조

12 | 학년별 교과서에서 북아트 주제 찾기

14 | 재료 소개

#02.어린이 북아트 2급 기본 구조

17 | 어린이 북아트 2급 교육 계획표

18 | 1... 2면 팝업 북

24 | 2... 4면 팝업 북

30 | 3... 6면 접기(엽서 북)

36 | 4... 8면 접기

42 | 5... 블라인드

48 | 6... 스타터널

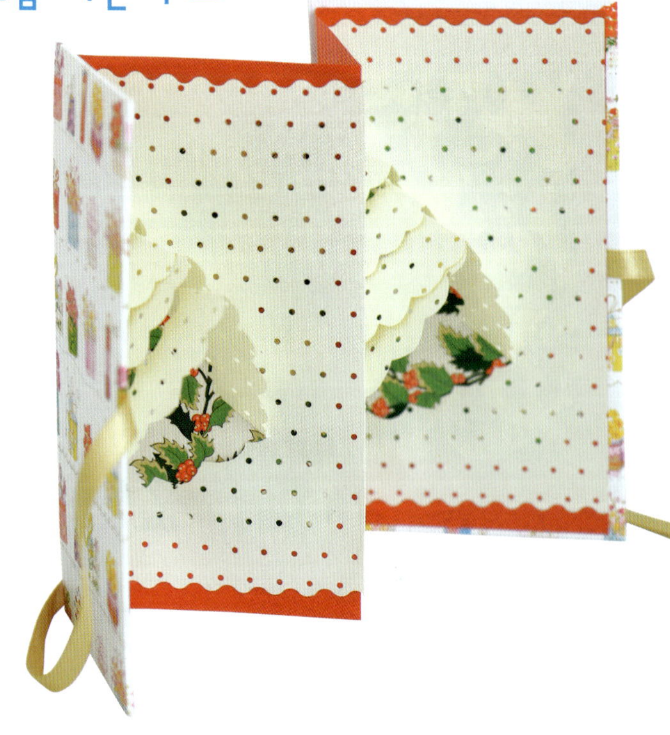

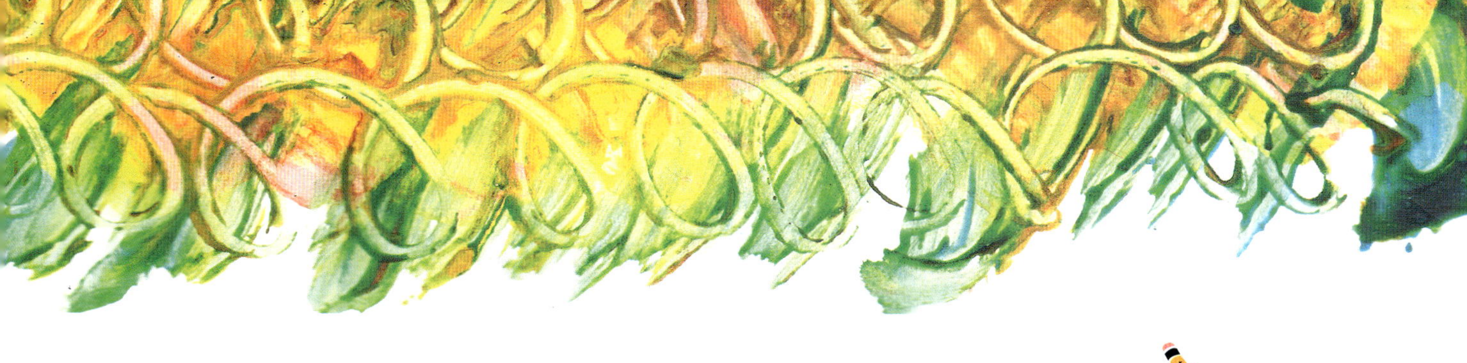

54   7... 부채 방식

60   8... 논(Plows) 방식

66   9... 삼각 북

72   10... 삼각 연결 북

78   11... 입체 북

84   12... 2단 깃발방식

#03. 북 + 아트

92   어린이 북아트 실기 평가 기준

93   어린이 북아트 수업 모습

94   광고

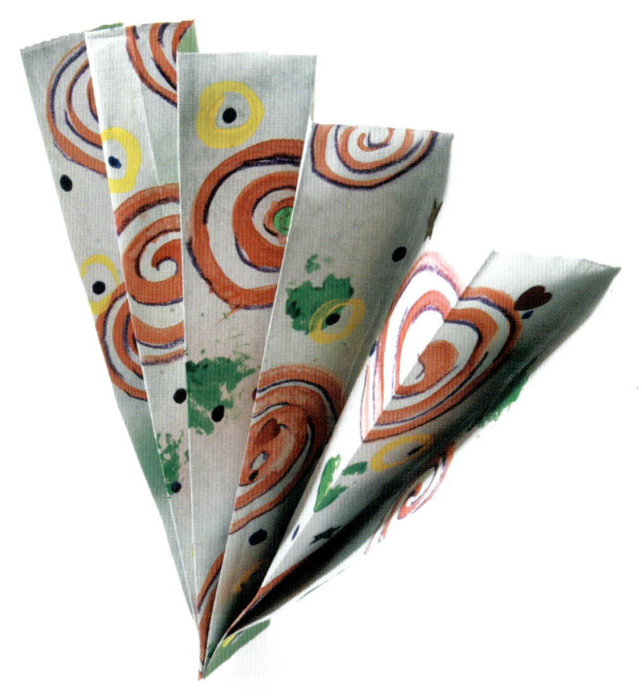

책 만들기를 통한 상상의 날개 접기

김 나 래

세계북아트협회 회장
북프레스 대표

〈어린이 북아트 2급〉 교재를 출간하게 되어 상당히 기쁘게 생각합니다.

북아트는 자라나는 어린이들에게 무한한 상상의 날개를 펼쳐 보이게 할 수 있습니다. 생각하고, 만들고, 쓰고, 그리는 과정을 통해서 하나의 책이 만들어지는 과정을 간접 경험해 볼 수 있고, 책의 소중함을 일깨우고 책과 좀 더 가까이 다가갈 수 있는 어린이가 됩니다. '부의 미래'를 저술한 앨빈 토플러는 자라나는 아이들이 책을 많이 읽는 것이 큰 대세라고 하였습니다.

현직에서 북아트를 강의하다보면 한 가지 특이한 점은 북아트를 잘하는 아이들이 공부도 잘 한다는 점입니다. 초등학교 제 7차 교육과정에서는 '통합교육'이 상당히 큰 이슈로 자리 잡고 있습니다.

북아트는 미술뿐만 아니라 다양한 교과목을 활용하여 책의 형식으로 옮겨 놓을 수 있기 때문에 한 장의 단면의 세계가 아닌 스토리를 구현할 수 있습니다.

앞으로의 아이들이 살아갈 미래의 세계는 더 다변화, 세계화로 이어집니다. 사람은 태어나 인생에 직업을 여덟 번 바꾼다고 합니다. 그만큼 세상의 다양한 경험과 좋아하는 일을 끝없이 갈구하기 때문입니다.

앞으로 초등학교 방과 후 교실에서 북아트 2급 어린이 자격증, 1급 어린이 자격증 획득을 통해 자신감 있고 자기의 색이 분명한 밝은 슬기로운 어린이로 자랄 수 있는 기틀이 마련되었으면 합니다.

끝으로 이 교재가 출간되기까지 심혈을 기울이신 재단법인 종이문화재단 노영혜 이사장님과 도서출판 종이나라 임직원 여러분께 감사의 말씀을 전합니다.

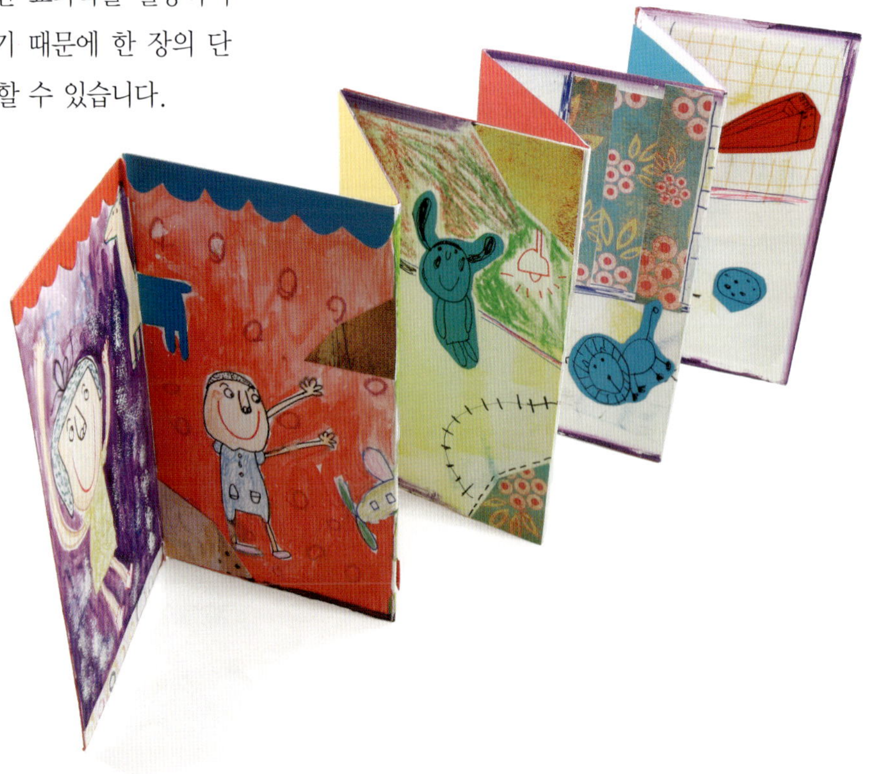

어린이들의 종합적이고 창의적인 사고력을
북아트 활동에서 길러 보세요!!

이 준 서

재단법인 종이문화재단 평생교육원장
前 교육부 미술교과서 심의위원
한국미술교육연구회장

북아트가 교육적 도구로서 어린이들의 종합적 사고력을 기를 수 있어 유용하다는 것이 교육, 사회계에서 널리 알려지고 있는 이 시점에 교육현장에서 기다리던 「어린이 북아트 2급」 실기교재가 출간되어 매우 기쁘게 생각합니다.

북아트 교육은 지도교사나 어린이들이 주어진 교육과정에 의거하여 체험에서 느낀 점과 생각을 글로 쓰거나 수집한 그림, 사진자료 등을 여러 방법으로 만들 수 있습니다. 따라서 나만이 가질 수 있는 책 만들기 작업 활동으로 아름답고 인상 깊게 표현하기 위해 창의적인 디자인 작업을 함으로써 미적 감각과 책의 소중함을 익히고, 사고의 통합화로 자기표현을 할 수 있다는 점에서 매우 의미있는 교육활동이라 생각됩니다.

따라서 이번에 발간된 「어린이 북아트 2급」 내용은 초등학교 저학년부터 단계에 맞도록 구성되어 주제에 따라 여러 방법으로 발전하도록 지도교안이 짜여져 흥미가 높아질 것이고, 이와 같은 실기 활동을 하는 동안 책의 다양성과 책의 제작은 물론 책에 대한 사랑과 '나도 할 수 있다', '해냈다' 라는 기쁨으로 자신의 가치감을 키울 수 있도록 과정이 전개됩니다. 이에 따라 기본 과정을 익히면서 보다 발전적으로 재제를 확산, 전개하도록 구성되어 본 교재의 활용 효과가 더욱 커질 것으로 생각됩니다.

아무쪼록 북아트 활동을 통하여 어린이들이 자기 주도적 학습능력과 언어발달은 물론 논리적 글쓰기로 자기 생각을 마음껏 표현하게 되었으면 합니다.
앞으로 「어린이 북아트 1급」 실기교재가 고학년 단계용으로 계속 편찬되어 출간된다고 하니 어린이 북아트 발전에 크게 기여되리라 봅니다.

끝으로 본 교재를 집필한 대한북아트협회 김나래 회장님과 북아트 자격제도의 활성화를 위해 힘써 주신 종이문화재단 노영혜 이사장님을 비롯한 여러분께 감사드리며, 본 교재가 교육현장에서 널리 활용되어 효과적인 통합교과 운영의 자료로 창의력과 조형능력 신장에 도움이 되기를 바랍니다.

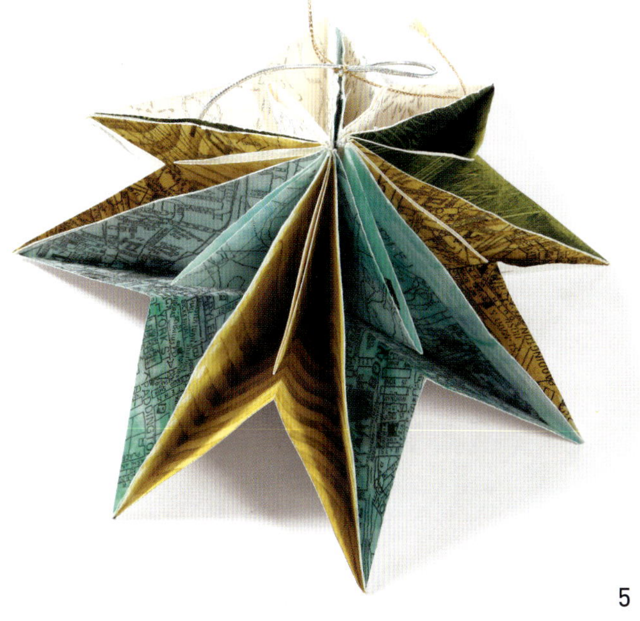

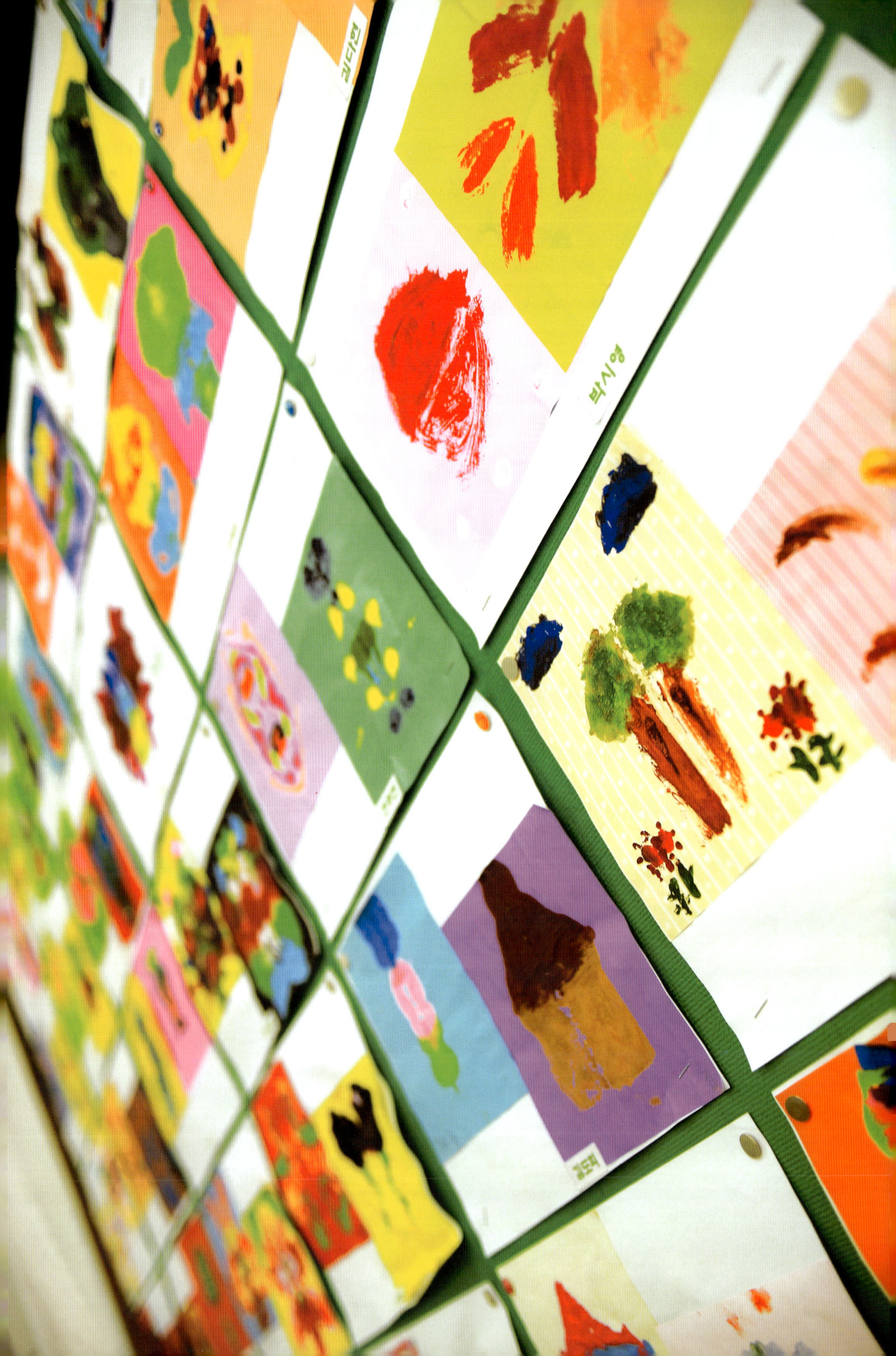

#01.
북아트 바로알기

북아트란 무엇인가

북아트의 기본 구조

학년별 교과서에서 북아트 주제찾기

재료소개

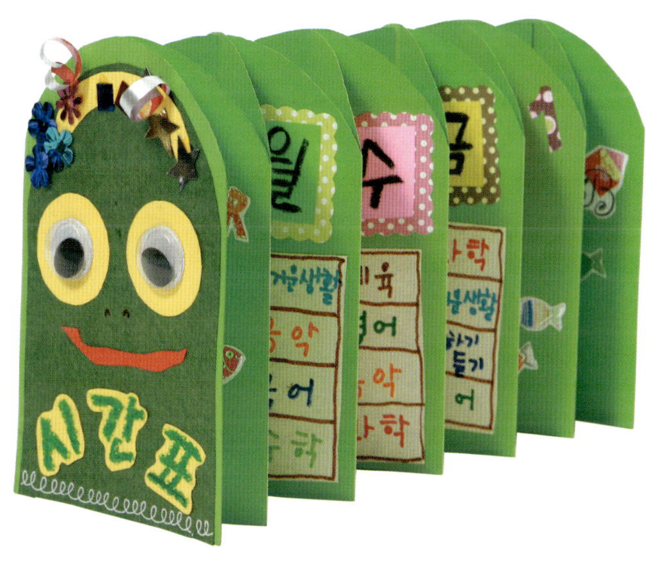

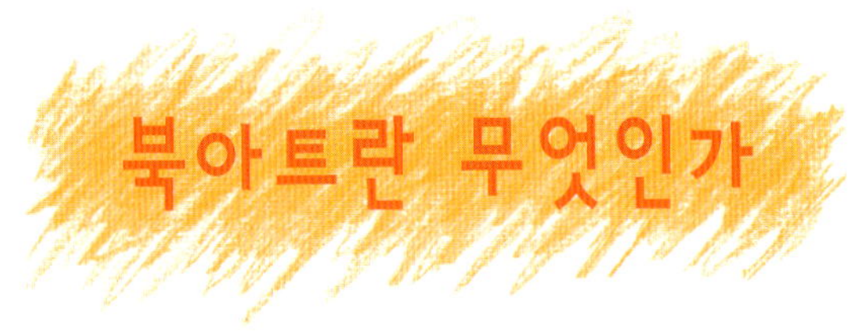

북아트란 무엇인가

1. 북아트란 무엇입니까?

≫≫≫

북아트란 'Book as a Arts'로 책 + 아트의 만남입니다.

책과 예술의 만남으로 읽는 책이 아닌 감상하는 책입니다. 내용이나 지식을 전달받는 책이 아닌 특별한 책이죠. 만지고, 보고, 감상하는 책으로, 몇 년 동안 썼던 일기를 새롭게 묶는다든지, 친구들과의 추억의 사진과 메모를 넣어 앨범북을 만드는 것 등 세상에서 하나 밖에 없는 책을 만드는 것이 바로 북아트입니다.

2. 어린이 북아트와 성인 북아트는 어떻게 다른가요?

≫≫≫

북아트는 1권 또는 10권 정도 소량으로, 혹은 500권 이상 대량으로 제작해 주로 전시회에서 판매합니다. 그러나 어린이 북아트의 경우, 똑같은 책을 여러 권 만드는 에디션의 개념보다는 만들기. 글쓰기. 그림그리기 등을 한권의 책을 만들면서 익혀봄으로서 학습의 효과 를 높이는데 그 목적이 있습니다.

3. 북아트의 가장 큰 매력이라면 무엇일까요?

≫≫≫

책을 만들 때 수천만 원을 들여 출판의 과정을 거치지 않고, 내가 직접 책을 만들 수 있다는 거죠. 만일 내 자서전을 만든다면 사진 등을 스캔하고, 글을 넣고, 프린트하고, 제본을 하고, 커버도 예쁘게 씌워 10권만 만들어 주변에 선물을 할 수도 있겠죠. 또한 직접 디자인해서 다양한 디자인 노트도 직접 만들어 볼 수 있다는 것이 큰 매력입니다.

4. 현재 우리 나라의 북아트 현황은 어떻습니까?

≫≫≫

2004년부터 서울 세계 북아트 페어, 성남 국제 북아트 페어, 북아트 체험행사, 북아트 전시 등을 통해 일반인들에게 많이 확산되고 알리는 계기가 되었습니다.

또한 다양한 북아트 실용서와 관련 재료들이 북아트의 깊이와 선택의 폭을 더욱 넓고 깊게 만듭니다. 또한 20여년 동안 영국의 어린이 북아트 교육에 앞장선 '폴 존슨' 선생님과 미국 어린이 북아트의 교육을 선도하고 계신 '수잔 게이로드' 선생님이 한국을 방문, 아이들과 함께 워크샵도 진행하셨습니다.

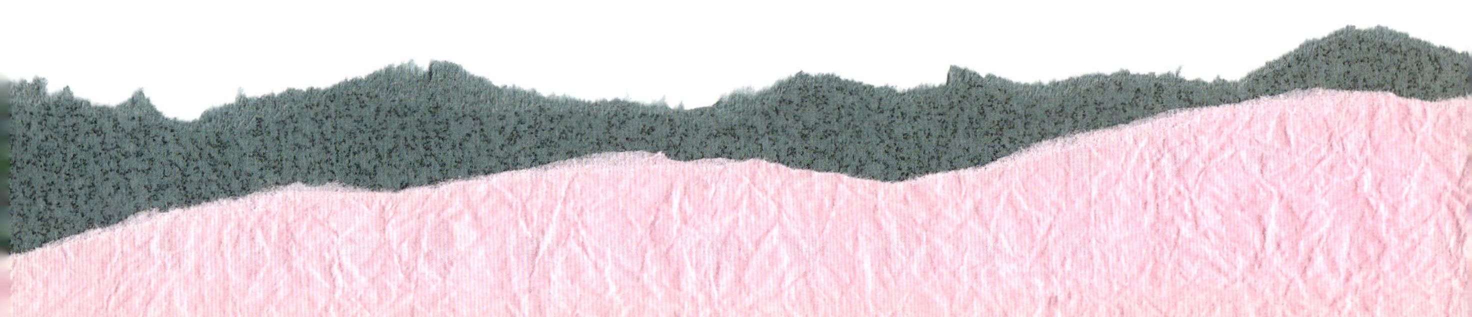

5. 북아트를 잘하기 위해서는 어떻게 해야 하나요?

≫≫≫

책을 많이 읽는 어린이가 이해력도 빠르고 북아트도 잘합니다. 책을 많이 읽고 글을 잘 쓰는 것이 매우 도움이 됩니다.
여행이나 봉사활동. 견학 등 많은 체험들이 북아트 책을 만드는데 좋은 기폭제 역할을 합니다. 또한 완성도 있는 북아트를 위해서는
꼼꼼한 성격도 중요합니다.

6. 북아트의 향후 전망은?

≫≫≫

북아트 분야는 이제 어린이 미술교육에서는 빠질 수 없는 중요한 역할을 하고 있습니다. 초, 중, 고 미술교과서에 북아트가 소개된
다면 더욱 활성화 되겠죠.
북아트도 미술의 한 장르이고, 아동미술에서의 북아트 교육은 미국이나 유럽에서는 이미 20여년 전부터 이루어지고 있습니다.
우리 나라는 불과 시작된지 3, 4년밖에 되지 않았지만, 급격한 발전과 새로운 구조와 방법들이 속속 등장하여 더욱 활성화되리라
고 기대합니다.

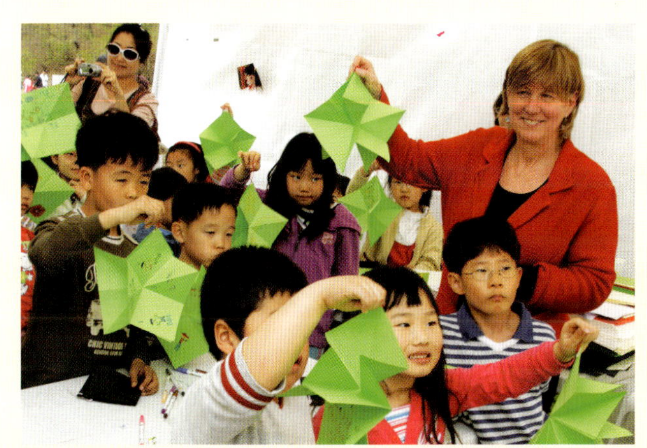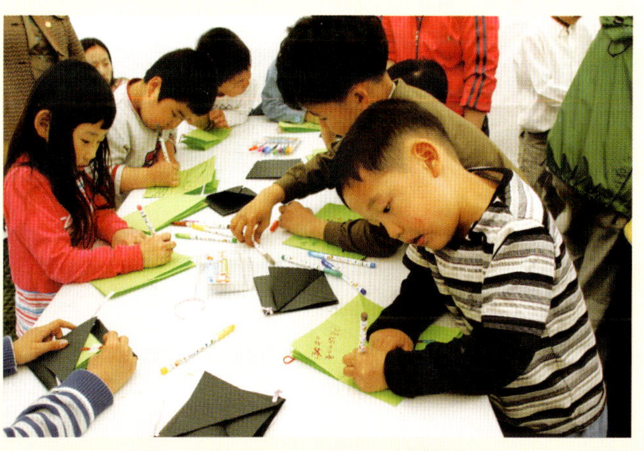

'2007 성남 국제 북아트 페어' 에서
수잔게이로드와 아이들의 북아트 수업

북아트의 기본 구조

책은 마치 건축공간과도 같다.

각각의 페이지는 동시에 열리고 닫히는 벽…. 그 표면과 재료는 책을 가두는데 비해 그 안에 그려진 그림은 책을 해방시킨다." 이 글은 1932년 상징주의 시인 말라르메의 시에 마티스가 그림으로 꾸민 시집의 발간에 실린 당시 언론의 기사이다.
북아트의 구조는 사방에서 보는 관점에 따라 다른 형상을 보여 준다. 북아트는 책의 구조와 내용의 조화가 중요하다. 비율로는 중요도가 반반이라고 할 수 있다. 내용을 보는 재미도 있지만, 구조를 살펴보는 재미 또한 북아트의 즐거움이다.

북아트에서는 구조, 형식, 내용, 재료 등 모든 것이 다 중요하다.

북아트에서는 내용(컨텐트), 재료(물성), 구조 등이 삼박자를 이룬다. 읽는 즐거움, 보는 즐거움, 만지는 즐거움이라고 할 수 있다. 그러므로 북아트는 일반 출판 책들이 단지 내용의 비중에만 중점을 둔다면 북아트는 내용과 구조가 50 : 50의 비율로 똑같이 중요하다.

책의 구조를 살펴보면, 기본 구조에는 모두 네 가지가 있다.

코덱스(Codex), 폴드(fold, 병풍스타일), 팬(fan,부채), 블라인드(Blind)등

이 네 가지 스타일이 북아트 구조의 기본이 된다.
이 중 북아트에서 가장 많이 쓰이는 스타일은 단연 폴드 방식이다. 그러나 출판에서는 페이지를 많이 필요로 하기 때문에 코덱스 스타일을 단연 많이 사용한다.

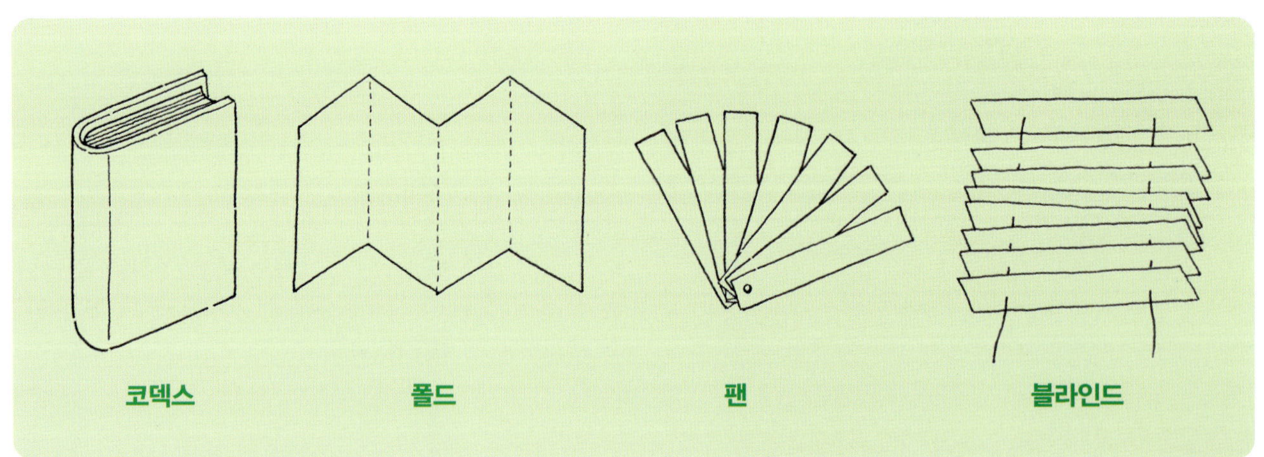

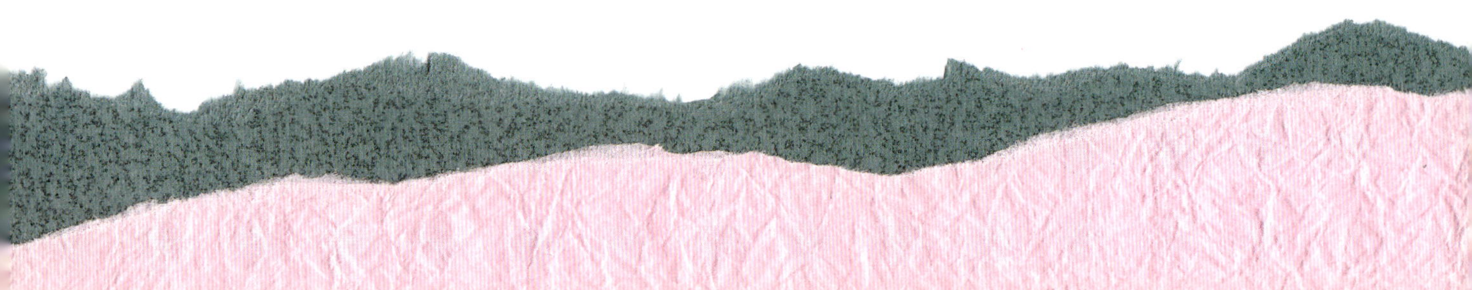

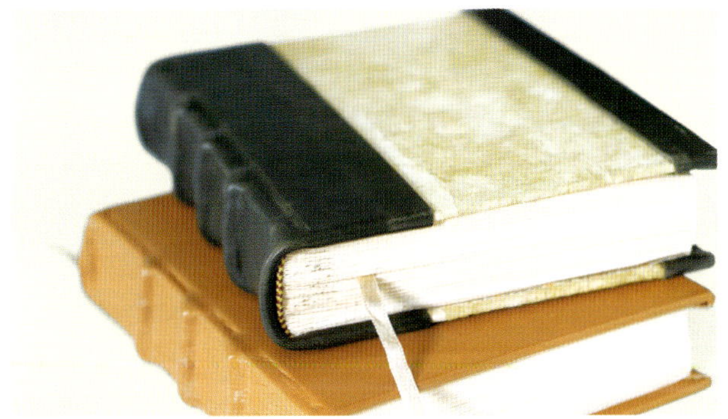

코덱스(codex)

코덱스는 '책' 이란 말이 말하여질 때, 또는 생각되어질 때에는 이런 고전적인 서구의 코덱스를 마음속에 당장 떠오르게 된다. BC 2세기 유럽의 기독교 전파와 더불어 쓰이기 시작한 코덱스가 현재에 이르기 까지 쓰이고 있는지 모른다.

그러나 현대에 와서는 대량생산체제에 들어서면서 예전의 인쇄된 종이 를 한 묶음, 한 묶음씩 바인딩용 실을 이용해 꼬매는 수작업이 아닌 양 상 바인닝 또는 무선 바인딩 등 기계화로 이루어졌다는 것이 다르다.

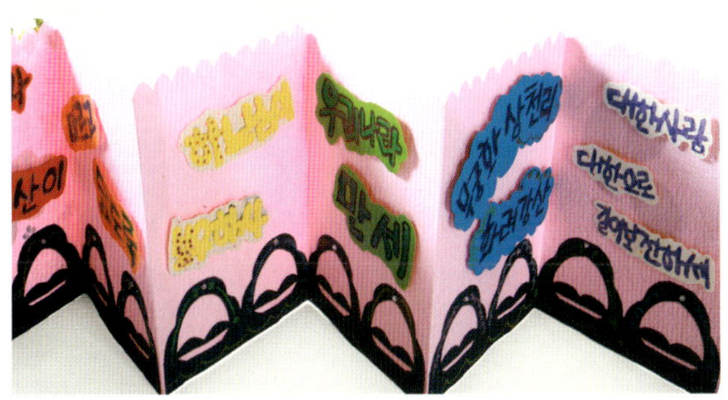

폴더(folder)

폴드는 다른 말로 아코디언 스타일, 동양식 병풍 스타일, 컨서티나 concertina(아코디언과 비슷하게 생긴 악기)라고도 하는데 모두 같은 말이다. 폴드 방식은 접기에 용이하고, 내지를 그리 많이 필요로 하지 않는 북아트에서는 제격이고, 가장 많이 응용되는 구조이다. 내용의 연결성(sequence), 즉 연속적인 이미지를 나타낼 때 한눈에 볼 수 있 는 방식이다. 이러한 폴더로 접혀진 책은 페이지별로 차례로 돌려지 거나 동시에 전시할 수 있다.

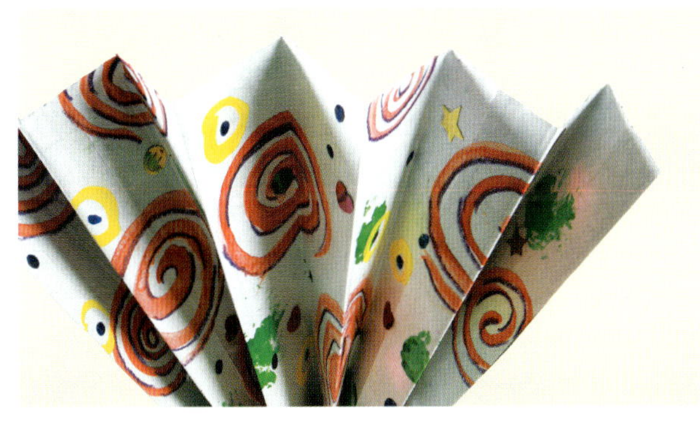

팬(fan, 부채)

팬은 부채라는 뜻으로 복합적인 바인딩으로 될 수 있다. 한 장으로 공통되게, 부채는 각 끝에서 묶일 수 있다. 두 권은 분리될 수 있고, 비스듬하게 연관되거나, 페이지 한 쌍은 접평면의 페이지를 가로질 러 완성될 수 있다.

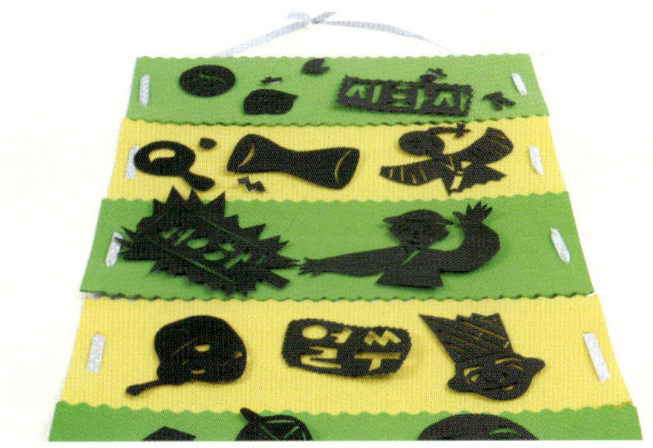

블라인드 (blind)

가정집의 창문을 보면 블라인드를 커튼 대신 사용하는 집들도 많이 있다. 블라인드 바인딩의 커버는 첫 번째 블라인드 살이 커버가 된 다. 그러나 팬(부채)과 블라인드 두 방식은 상당히 유사한 구조를 가 지고 있다. 왜냐하면 한 점에서 묶이면 그것은 부채이고, 두 곳에서 묶이면 블라인드가 되기 때문이다.

학년별 교과서에서의 북아트 주제찾기

1학년

바른생활_ 낱말카드(순서대로 맞추기), 애국가
즐거운 생활_ 흥부와 놀부(역할놀이)
말하기·듣기_ 기르고 싶은 애완동물, 수수께끼, 뒷말잇기

2학년

즐거운 생활_ 꼴라주기법으로 물체표현하기
슬기로운 생활_ 그림자놀이 책(양치기소년), 하루일과
생활의 길잡이_ 우리 주변에서 사라져 가는 동식물, 여러 가지 표지판
수학_ 구구단

3학년

사회_ 옛날 쓰였던 물건, 여러 가지 탈, 전통축제
국어_ 한지공장(한지만드는 순서), 여러 가지 나비
과학_ 다양한 잎 탁본 찍기
미술_ 여러 사물 단순화 시키기, 종이판화하기, 문자꾸미기(그림문자), 서예
도덕_ 글을 읽고 느낀점과 내가 앞으로 어떻게 해야 하나, 우리가 살면서
　　　지켜야 할 규칙들에 대한 것

4학년

사회_ 박물관 견학(철도, 인쇄박물관, 김치박물관 등)
국어_ 수수께끼, 연날리기 및 연의 명칭, 해령이의 책나무
과학_ 어미와 새끼(나비과정), 내가 좋아하는 동물의 특징, 공룡들
　　　(어느 시대 공룡들인지 알아보기)
미술_ 비슷한 색/반대색, 스탬프, 서예, 스크롤, 마크와 표지판, 미술품 감상
음악_ 강강수월래, 섬집아기
사회과 탐구_ 조상들의 명절놀이(그네뛰기, 강강수월래, 씨름), 박물관 견학
생활의 길잡이_ 우리 가족 가계보(가족관계), 우리의 자랑스런 문화유산

5학년

사회_ 다양한 직업, 조상들의 생활도구, 전통놀이
국어_ 장승의 종류 및 얼굴과 역사, 섬탐방, 청주고 인쇄, 박물관
과학_ 계절마다의 동물들의 특징, 관찰일지, 태양계
미술_ 명도와 채도, 과일 및 야채 단면 세밀화, 애니메이션기법 스크롤, 포장 디자인
음악_ 여러 가지 전통 악기(나발, 징, 태평소, 단소), 눈꽃 송이
사회과 탐구_ 조상들의 생활도구(벼루, 연적, 필통, 물래)

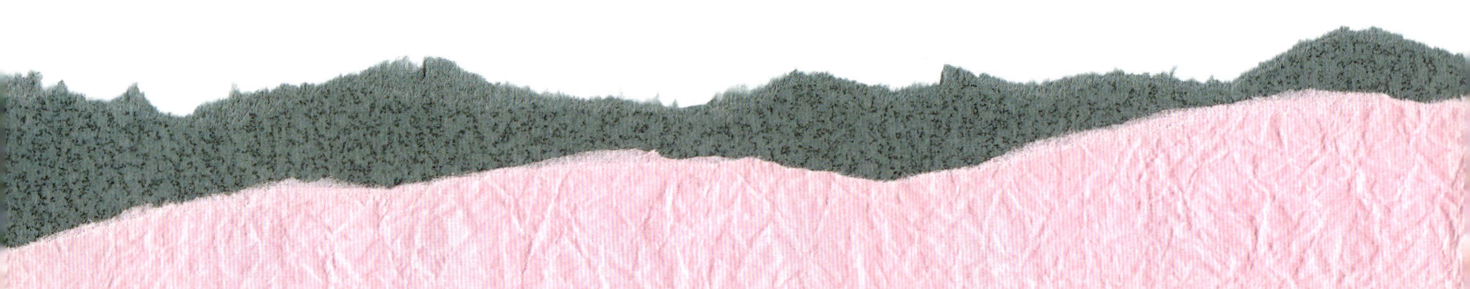

6학년	사회_ 가보고 싶은 나라, 우리 나라의 문화상징, 한국을 빛낸 사람들 국어_ 봄,여름,가을,겨울(계절별 곤충) 미술_ 단순화하기, 색채 심리학, 아름다운 생활용품 음악_ 금강산, 음악감상을 듣고 느낌을 그림으로 표현, 우리 나라의 악기조, 　　　세계 여러 나라의 극음악들, 우리 나라의 궁중음악 사회과 탐구_ 함께 살아가는 세계, 한국을 빛낸 사람들
그 외	종이 만드는 과정, 천연기념물, 수수께끼, 나비 과정, 민속음악, 여름 과일, 태아, 오사카, 야생화, 부여 박물관, 민화, 12지, 알파벳, 여러 나라 국기, 베토벤, 여 러 가지 직업, 여름과일 등

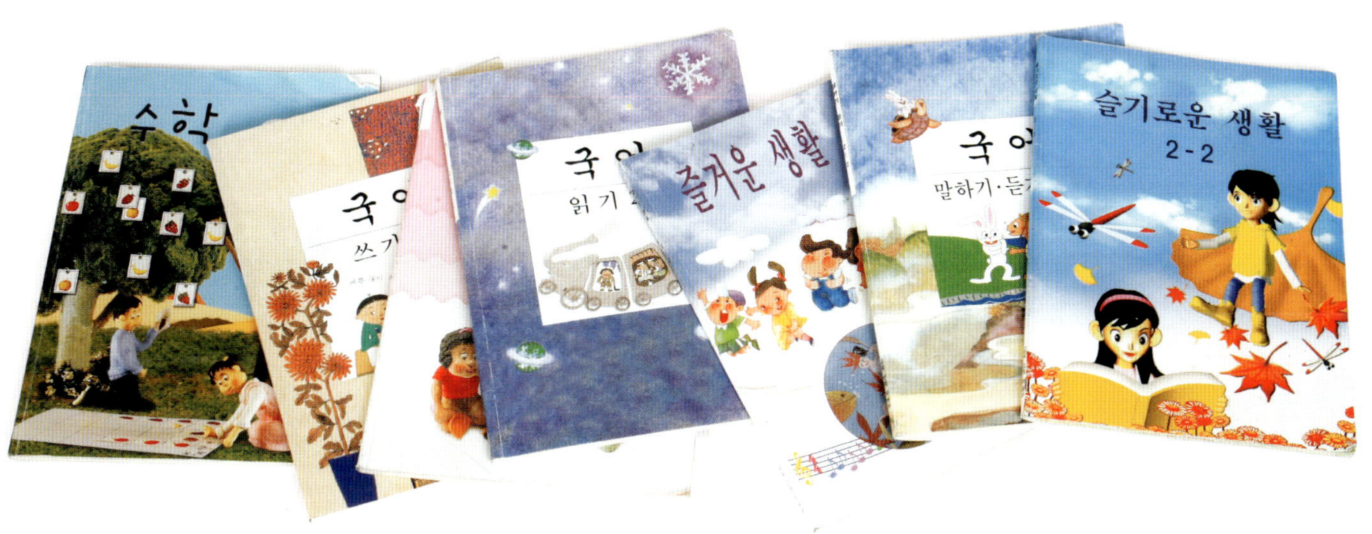

초등학교 교과 과목들

재료 소개

재료 소개

본 폴더
플라스틱 자
연필
칼
실
종이나라 만능본드
송곳
종이나라 풀
가위
지우개

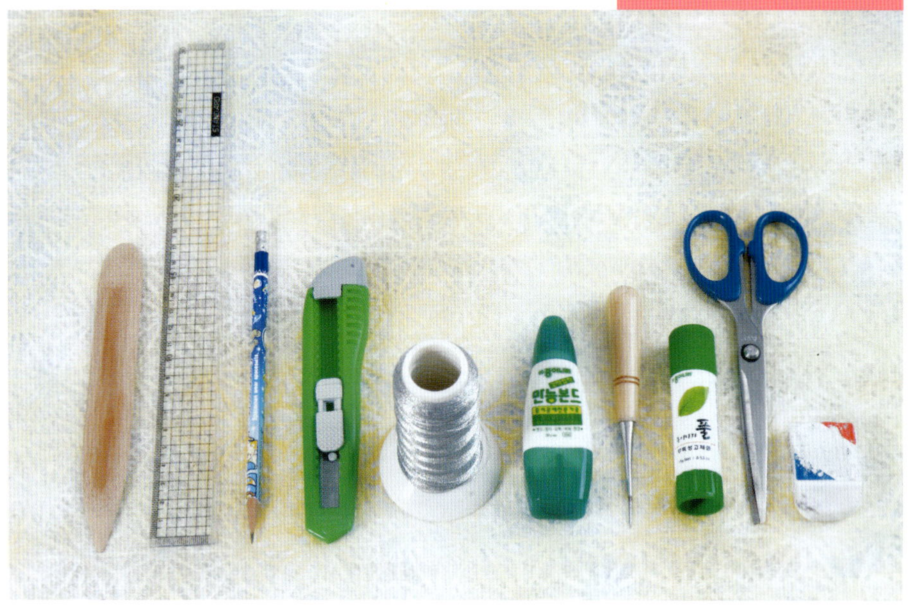

본 폴더_ 본 폴더는 종이를 접을 때 사용하는 도구로 국내에서는 저렴한 대나무나 플라스틱 폴더가 많이 애용된다.

플라스틱 자_ 눈금이 정확히 보여야 칼을 대고 그을 때 편리하다. 주로 50cm 눈금자를 많이 사용한다.

연필_ 정확한 길이를 재거나 표시할 때 필요하다. 심이 부러지기 쉬우므로 샤프보다는 연필을 뾰족하게 깎아서 사용함.

칼_ 칼은 칼날이 예리한 것이 좋지만, 칼에 너무 힘을 주면 다칠 염려가 있어 위험하니 주의하고, 칼날은 길게 빼지 말것.

실_ 실은 바인딩용 실이 있지만, 끊어지지 않고 튼튼하다면 여러 가지 집에 있는 예쁜 실이나 털실 등을 이용해도 좋다.

종이나라 만능본드_ 풀로 잘 붙여지지 않는 구슬 등을 책에 붙일 때 용이하게 사용되고, 두 가지 나오는 구멍이 있음.

송곳_ 실이나 리본을 책에 연결할 때 구멍을 뚫는 역할을 하며, 송곳을 이용할 때는 손을 다치지 않게 조심해서 사용한다.

풀_ 종이를 붙일 때는 물풀보다는 고체풀을 쓰고, 천·가죽·하드보드는 목공용 접착제가 적당하다.

가위_ 종이를 오릴 때 유용하게 쓰여지며 모양이 있는 핑킹가위도 이용하면 더욱 멋진 책을 만들 수 있다.

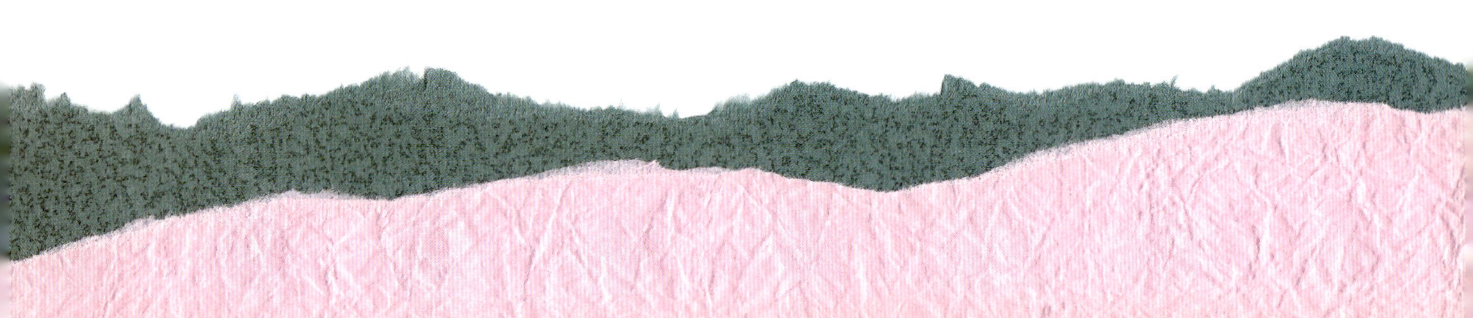

재료 소개

반짝이 큐빅
종이인형
꽃모양 종이
다양한 구슬
리본
스티커
포장지
모양이 있는 펀치
스템프
할핀 등

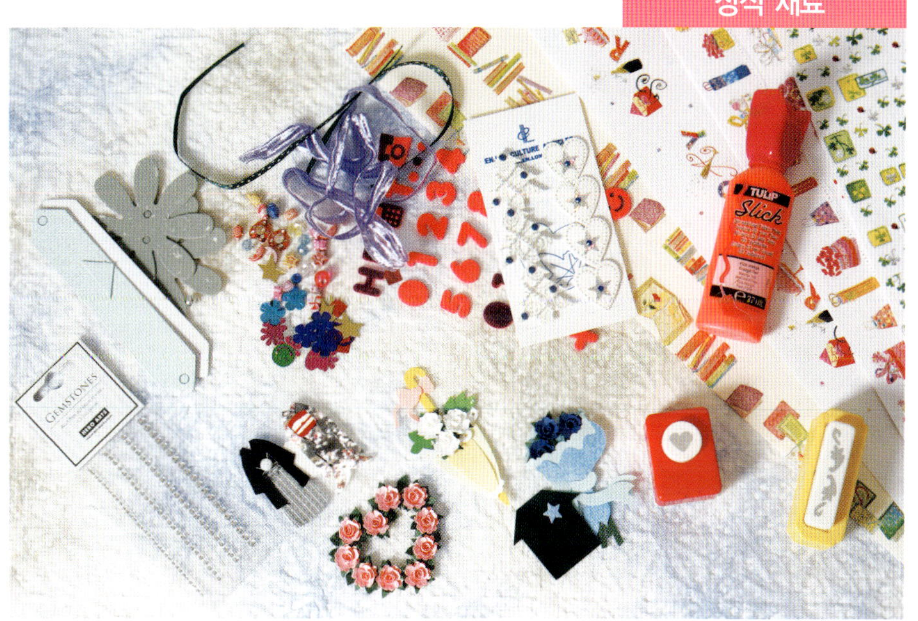

반짝이 큐빅_ 악세사리에 박혀 있는 큐빅을 이용하여 고급스러운 책 만들기를 할 수 있다.

종이인형_ 직접 만들기 어려운 아이들은 이미 만들어진 종이인형을 이용하면 편리하다.

꽃모양 종이_ 북아트 장식으로 종이모양의 꽃모양을 만들어 책에 장식한다.

다양한 구슬_ 책을 장식할 때 편리하게 이용될 수 있으며 팬시점에서 쉽게 구입할 수 있다.

리본_ 리본은 책의 커버나 블라인드책을 만들 때 많이 사용되며, 책 만들기 할 때 많이 이용된다.

스티커_ 간편하게 사용할 수 있는 스티커는 구입도 쉬우며, 내가 좋아하는 그림들을 사용할 수 있다.

포장지_ 많은 종이만큼 다양한 작품을 만들어 낼 수 있도록 포장지를 잘 이용하여 멋진 책을 만든다.

할핀_ 할핀은 리본이나 풀을 대신하여 사용하여도 되며, 많은 응용 방법이 있다.

#02.
어린이 북아트 2급
기본구조

1... 2면 팝업 북

2... 4면 팝업 북

3... 6면 접기(엽서 북)

4... 8면 접기

5... 블라인드

6... 스타터널

7... 부채 방식

8... 논(Plows) 방식

9... 삼각 북

10... 삼각 연결 북

11... 입체 북

12... 2단 깃발방식

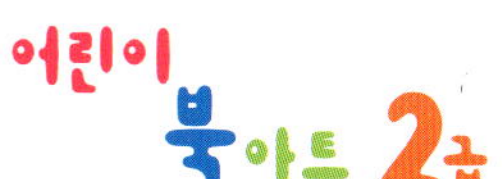

어린이 북아트 2급
교육 계획표

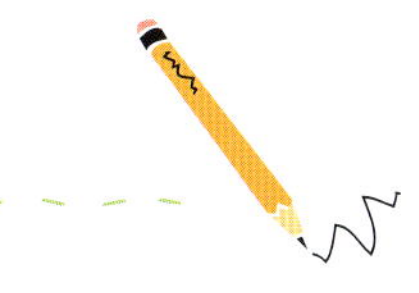

| 성명 | | | 생년월일 | | |

구분(주제별)	월	일	학습내용	구 조	이수 확인
1			동물원(원숭이)	2면 팝업 북	
2			크리스마스 트리	4면 팝업 북	
3			애국가	6면 접기(엽서 북)	
4			여러가지 탈	8면 접기	
5			종이판 만들어 찍기- 농악놀이	블라인드	
6			토끼 이야기	스타터널	
7			내가 만든 부채	부채 방식	
8			흥부와 놀부	논(Plows) 방식	
9			여러 가지 나비 - 물결나비, 호랑나비 등	삼각 북	
10			우리 나라 옛날 물건들	삼각 연결 북	
11			민준이네 가족	입체 북	
12			여러 나라 국기	2단 깃발방식	

「어린이북아트 2급」 실시학습교육 재료는 「서울핸즈」에서 구입할 수 있습니다.
전화 : (02)2264-4252   홈페이지 : www. seoulhands.com

01 | 2면 팝업북

Making books for Children

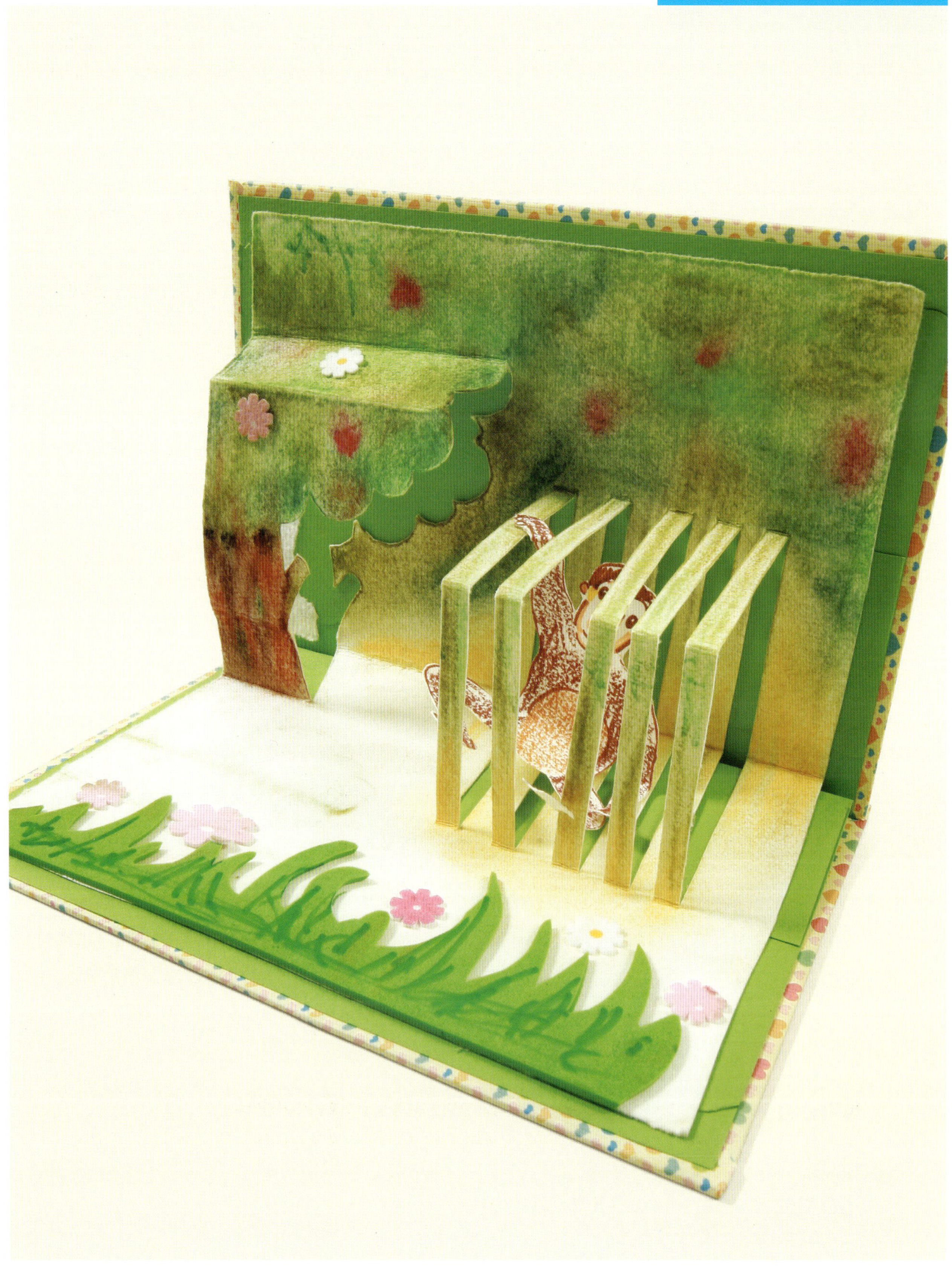

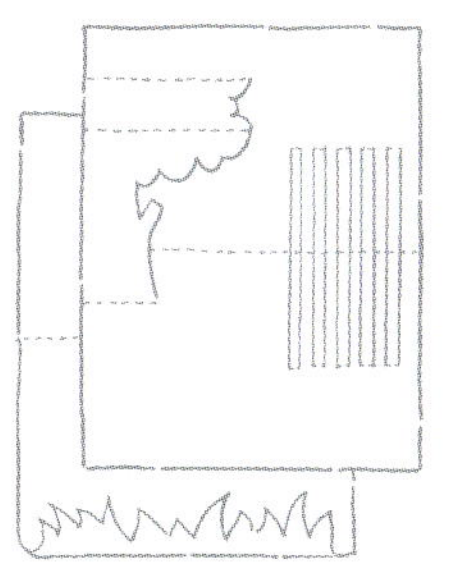

기본구조	• **2면 팝업북_** 2면 접기는 다른 말로 '카드 접기'라고 하며, 북아트에서는 가장 기본적인 '지그재그' 접기 방법이다. 이 방법은 팝업북(입체)과 접목하여 만들면 더욱 효과적이다.
주 제	• 동물원 (원숭이)
준 비 물	고체풀, 가위, 자, 커버용 하드보드, 색도화지(27.3㎝×19.6㎝), 사인펜, 파스텔 등
관련 및 도움말	• **동물원 (원숭이)_** 동물에 가면 볼 수 있는 동물들 중에 가장 기억에 남는 동물을 생각한 후에 철창을 입체북 형식으로 만들어 생각나는 동물을 넣어 본다. • **우리 동네_** 우리 동네의 모습 중 가장 좋아하는 모습을 예로 빵집, 분식점, 피자집 등 한쪽 길을 입체 북으로 표현하는 것으로 한다. • **그림 문자_** 문자를 예쁘게 그림과 같이 표현하여 넣어서 꾸며 보기 • **하루 일과_** 하루하루 나의 모습을 표로 만들어 책으로 만들어 본다. (종이를 둥글게 잘라 하루 일과를 그린 후 가운데 중심점을 '할핀'으로 고정시켜 주면, 돌림판처럼 잘 돌아간다.)
활동목표	• 2면 접기의 용도 및 활용방법을 익힌다. • 간단한 팝업 북의 원리와 방법을 익혀 제작할 수 있다.
난 이 도	상 중 하
지도방법	1 주제 정하기(동물원) 2 같이 이야기하기_ 동물원에서 기억에 남는 동물, 동물들의 특징, 주위 환경 등 3 동물을 결정한 뒤 팝업방법으로 우리를 만든다. 4 들어갈 동물을 그려서 오린다. 5 동물을 넣고 주변을 장식한다.
제작시 유의사항	• 2면접기는 책 만들기의 가장 기본 1단계 접기 방법으로 주로 생일이나 기념일 카드로 이용된다. 그러나 간단한 이야기와 팝업 북을 접목해 재미있게 책을 만들어 볼 수 있다. • 유의사항으로는 팝업 북은 정확히 잘 잘려야 접을 수 있고, 접었을 때 모양이 구겨지거나 접혀지지 않으면 잘못된 것이므로 위치를 잘 맞혀 접었는지 확인한다.
평가관점	1 글은 간단하게 전달하고자 하는 내용을 표현했는지 확인한다. 2 그림과 팝업 북은 전체 면적에서 반 정도를 차지하게 적당히 잘 들어갔는지 확인한다.
참고자료	• 동물원 ZOO (사진)

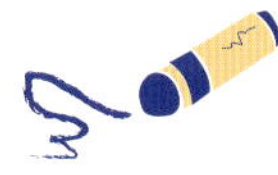

함께 만들어요

1.

2.

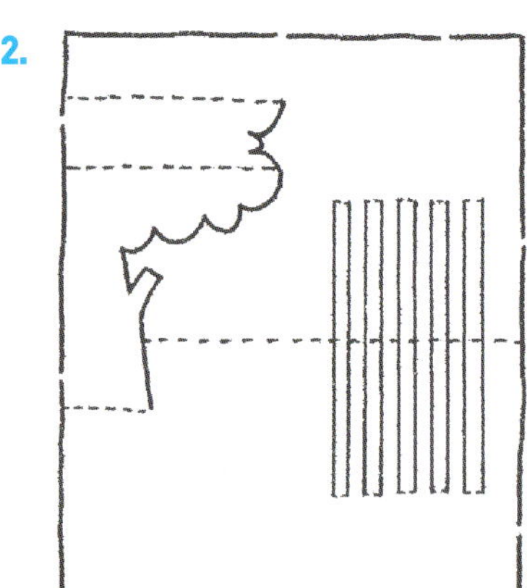

 나무 팝업은 저학년에게는 난이
도가 높으므로 생략해도 된다

3.

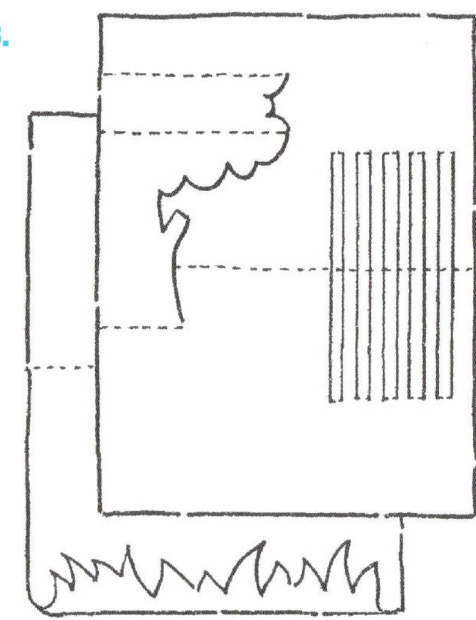

 창철과 나무를 접을 때는 다른 부분이
접히지 않게 주의한다.

4.

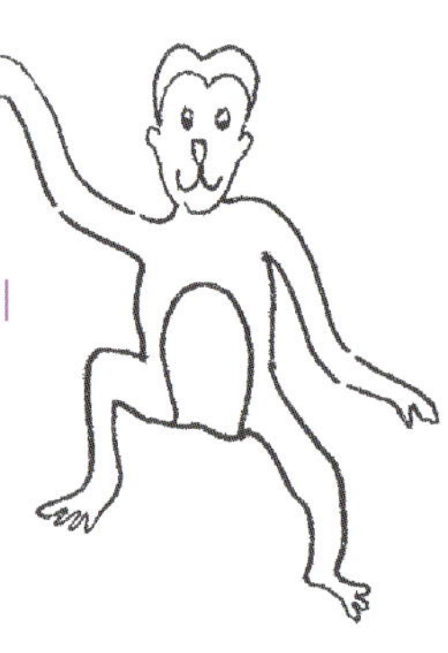

5.

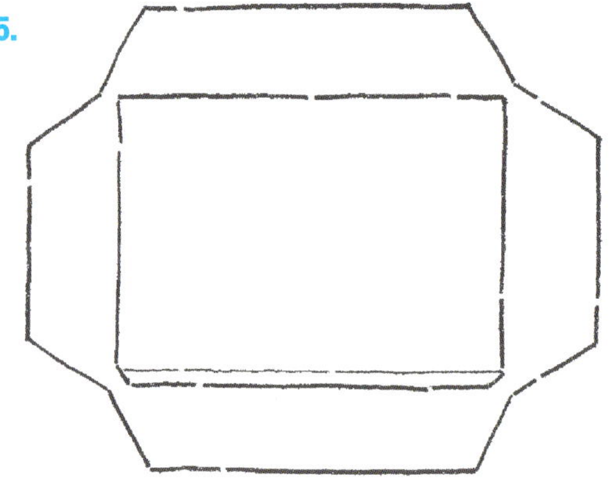

⬆ 앞뒤로 2장의 하드커버를 만들어 준다.

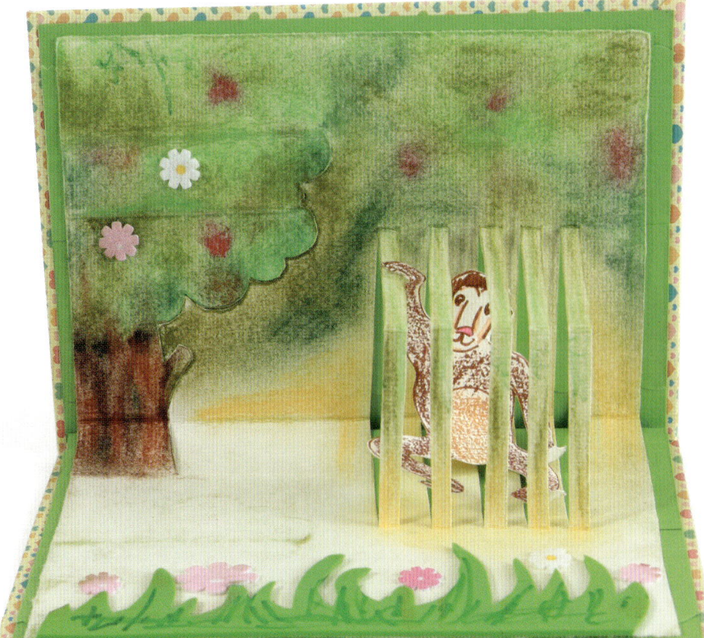

1. 그림과 같이 종이를 반으로 접는다.

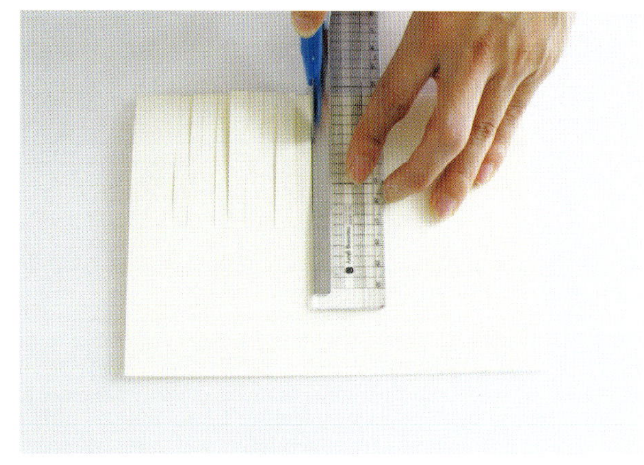

2. 반으로 접은 상태에서 접힌 부분을 일정한 길이와 간격으로 10개 정도 자른다.

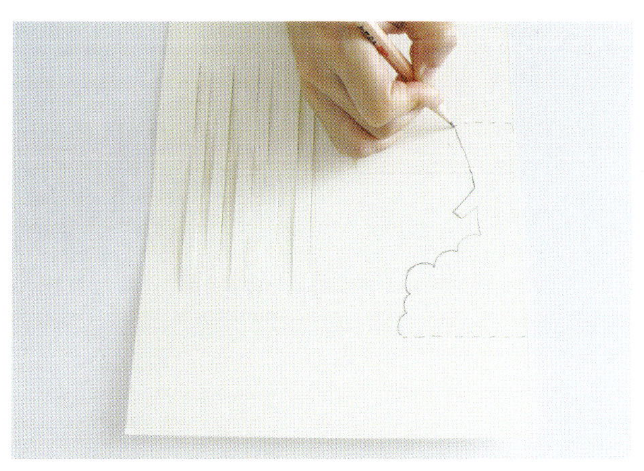

3. 종이를 다시 펴서 나머지 나무도 그린 후 오려 준다.

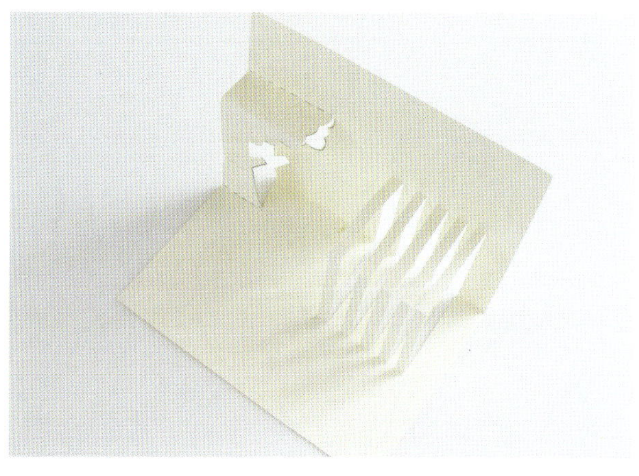

4. 위의 그림과 같이 접어 주면 기본적인 팝업의 형태가 된다.

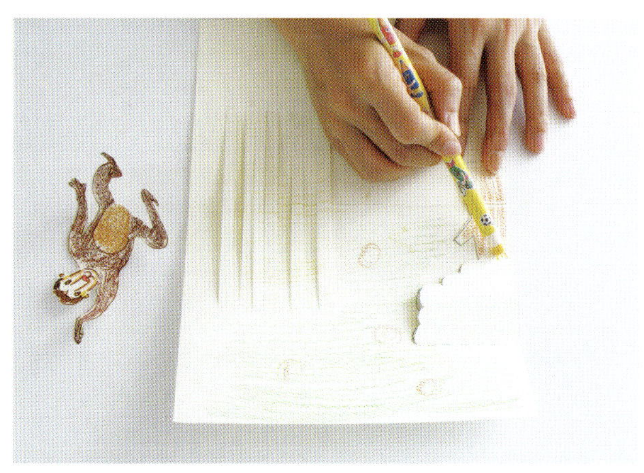

5. 팝업의 형태가 만들어지면 색연필이나, 장식을 붙여 꾸며 준다.

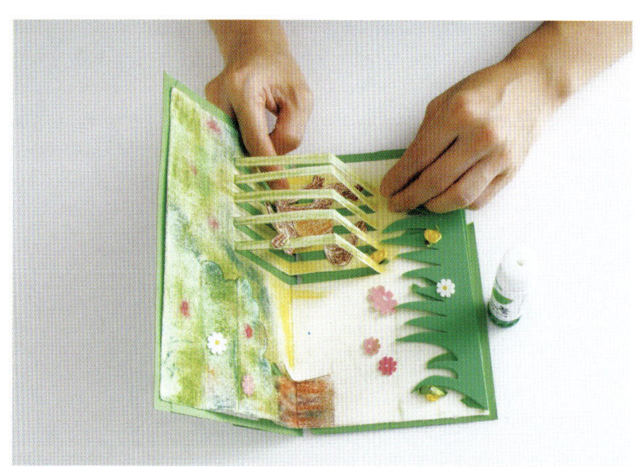

6. 완성

응용해 보세요

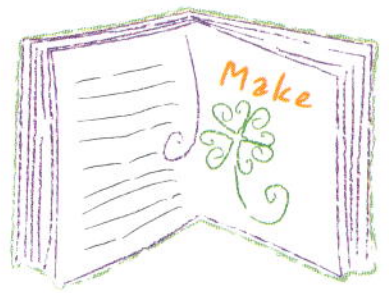

메리크리스마스

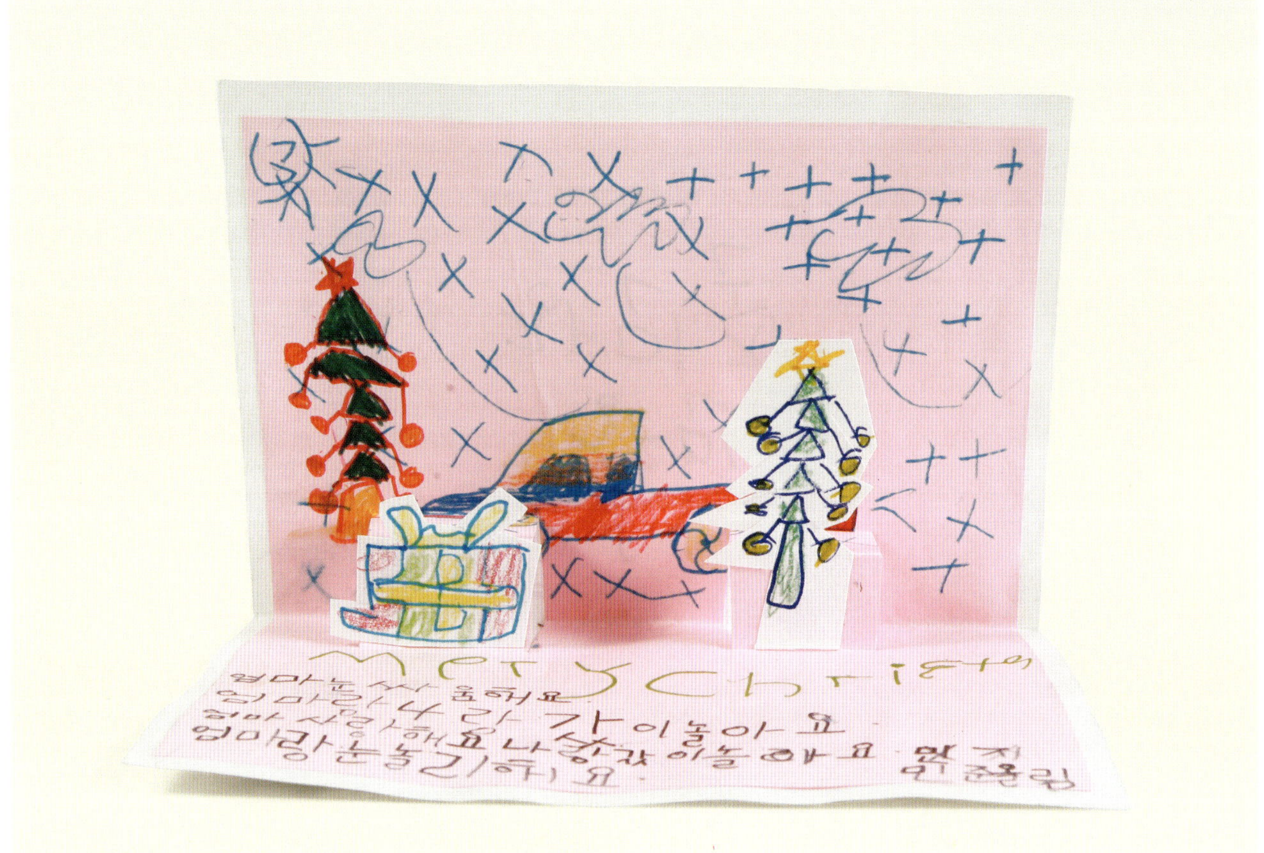

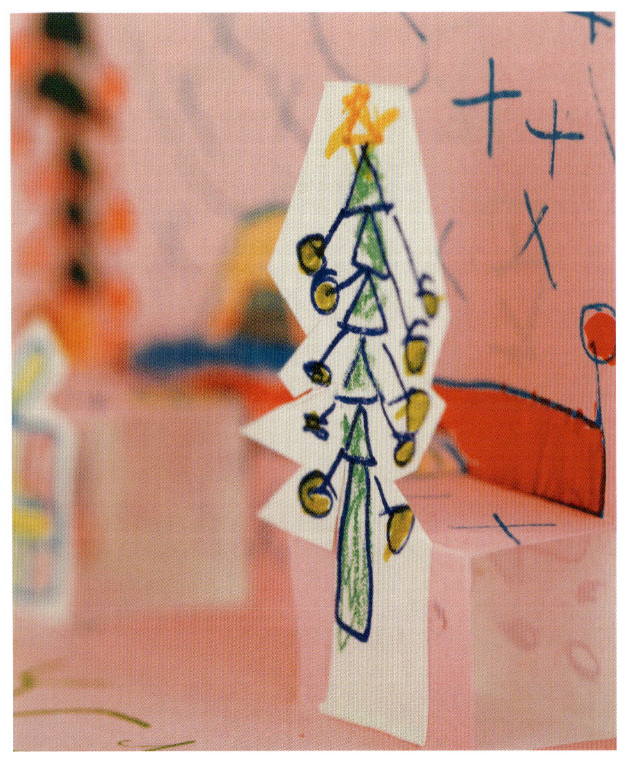

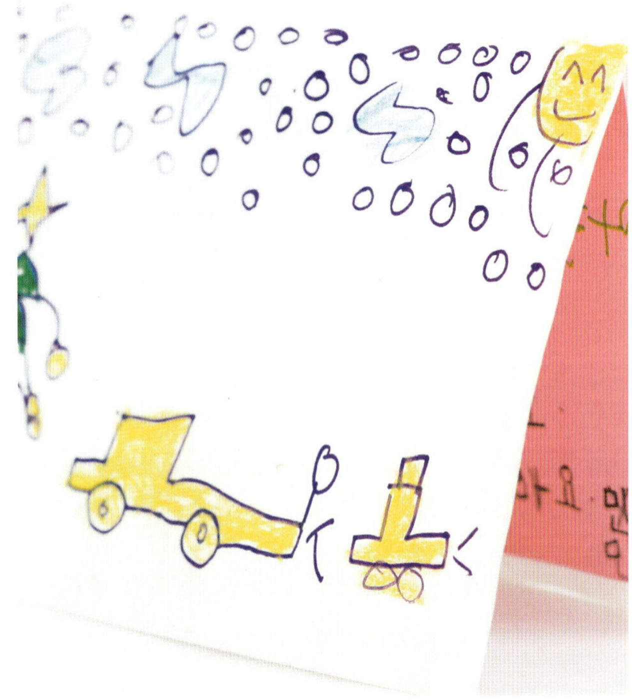

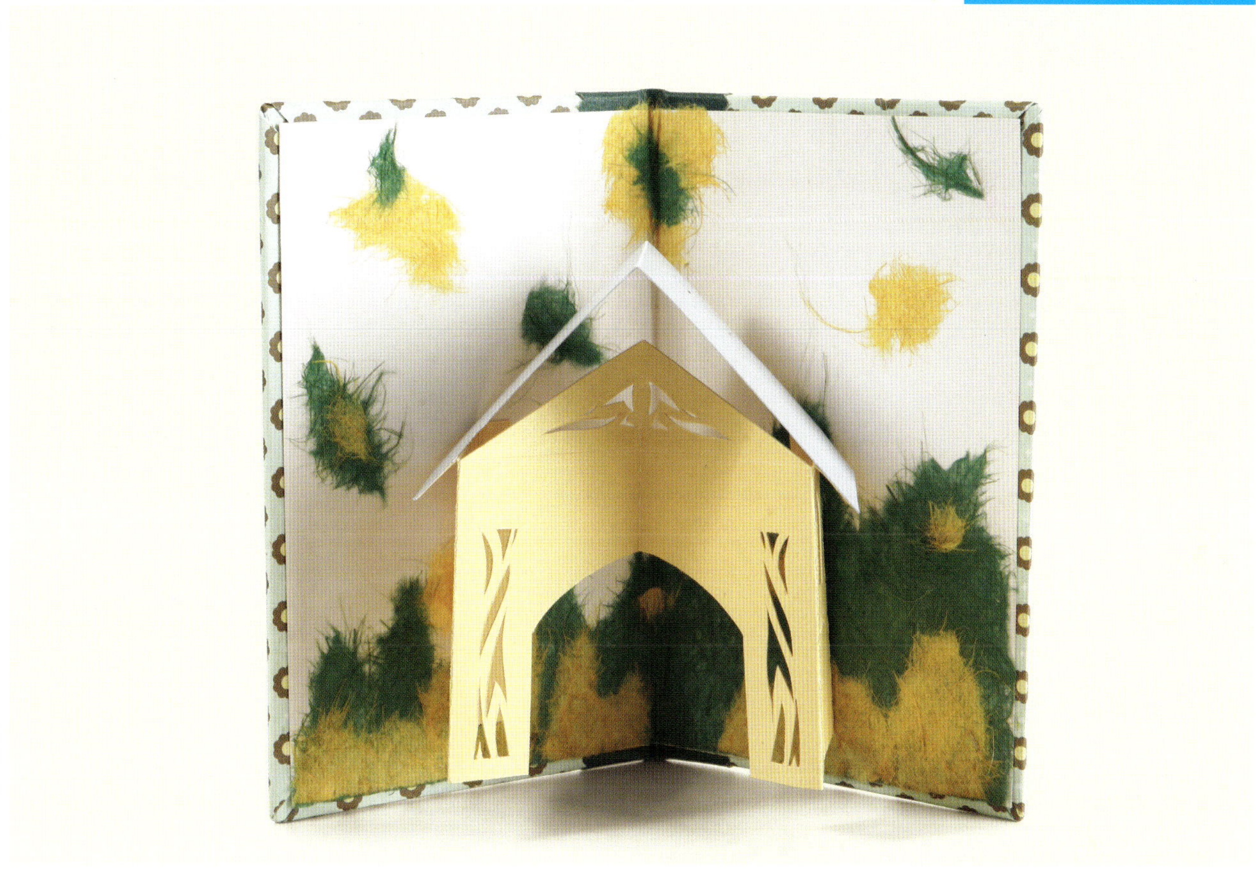

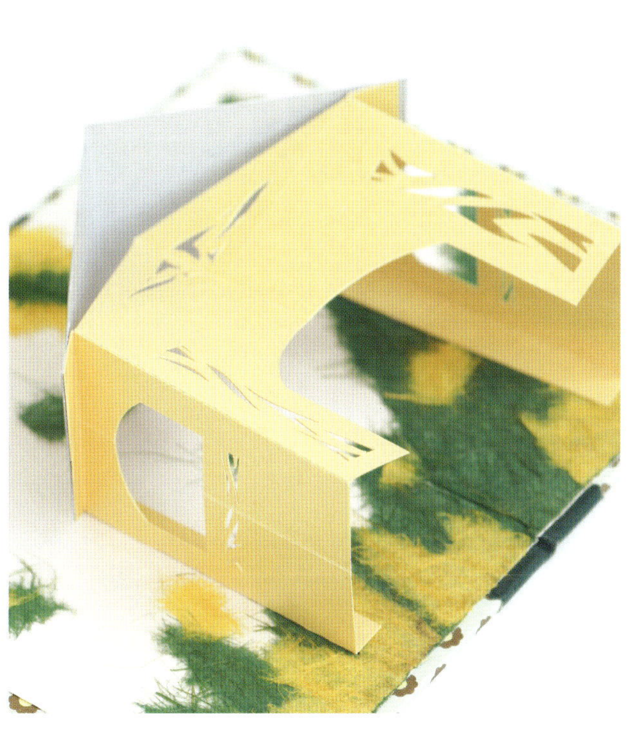

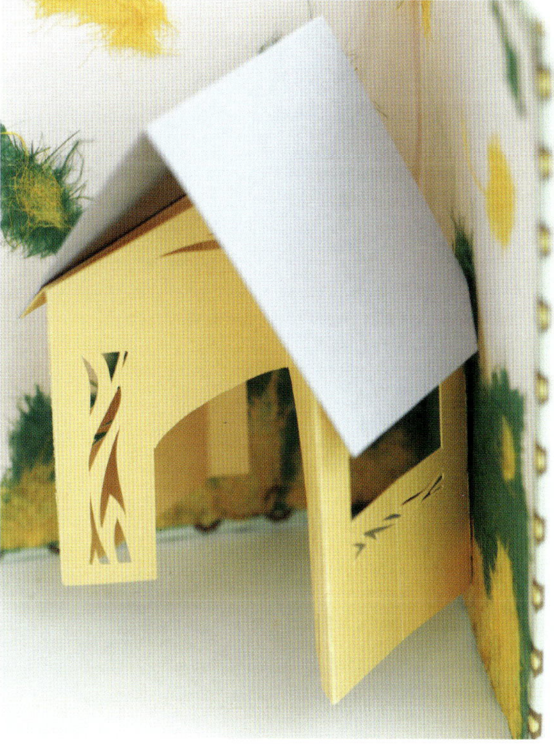

02 | 4면 팝업북

Making books for Children

크리스마스 트리

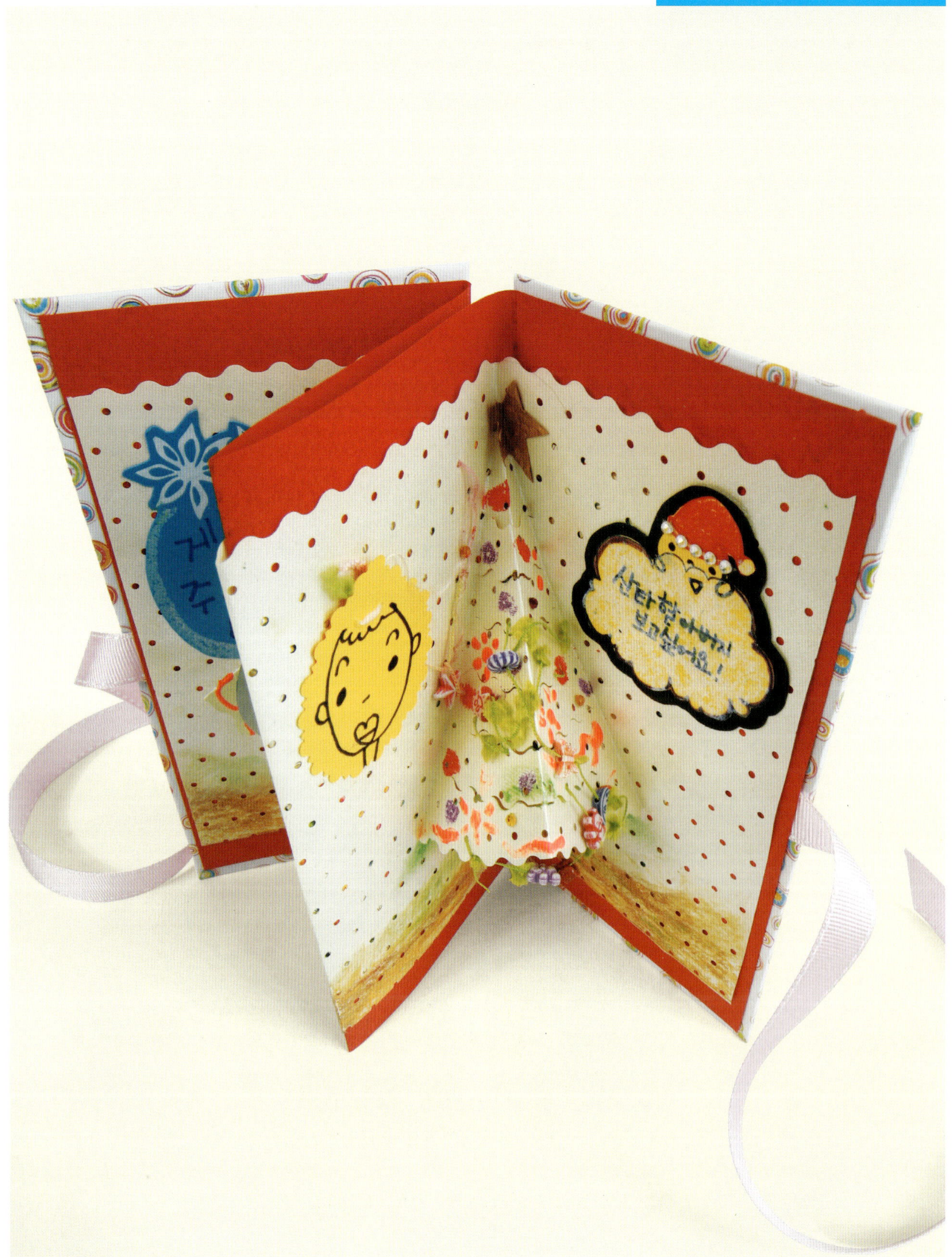

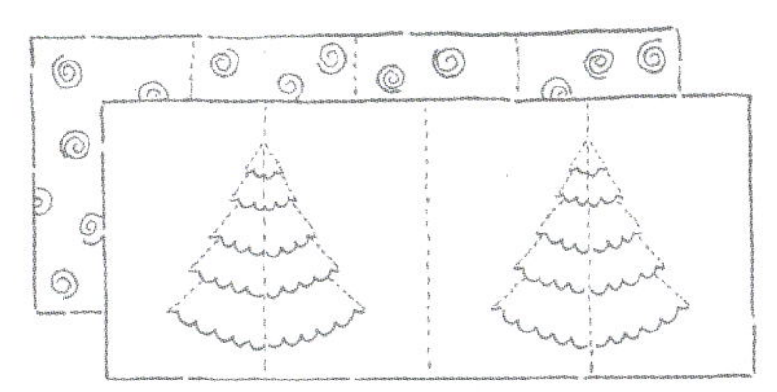

기본구조	• **4면 팝업북_** 4면 접기에 2-1과 마찬가지로 간단한 나무 팝업을 접목시킨다. 지그재그 4면 접기는 초등학교 저학년 북아트에서 많이 사용하는 방법이다.
주 제	• 크리스마스 트리
준 비 물	고체풀, 가위, 핑킹가위, 자, 커버용 하드보드, 색도화지(39㎝ × 17㎝), 포장지, 리본, 싸인펜, 색연필, 장식구 등
관련 및 도움말	• **크리스마스 트리_** 크리스마스 트리 입체 북 • **우리가 살면서 지켜야 할 규칙들_** 우리가 살면서 지켜야 할 규칙에는 무엇이 있는지 발표하고 책으로 만든다.
활동목표	• 나무의 모양과 특징을 파악해 팝업으로 다양하게 표현할 수 있다. • 지난 크리스마스의 기억을 되살리며, 크리스마스의 의의에 대해 말할수 있다.
난 이 도	상 중 **하**
지도방법	1 크리스마스 트리는 왜 전나무를 쓸까? 지난 크리스마스에 받았던 선물은? 다양한 문답 형식으로 이어 간다. 2 4면 접기로 기본구조를 만든다. 3 나무를 팝업으로 표현한다. 4 앞으로의 희망, 받고 싶은 선물들을 적어서 오린 후 트리에 붙인다.
제작시 유의사항	• 4면 접기는 1, 2학년용 책 만들기로 적당한 방법이다. 그러나 고학년이 할 경우는 조금은 난이도가 낮아 지루해하거나 너무 빨리 끝날 수 있다. 그러므로 팝업 북 효과를 한 두 가지 넣어 주면 좀 더 재미있게 수업할 수 있다.
평가관점	1 샛별이랑 한별이의 사회예절 배우기에서 기본예절을 알고 있는지 확인한다. 2 상황별로 나누어진 9개의 동화에서 아이들이 반드시 알아야 할 사회예절을 알고 있는지 알아본다. 3 팝업이 잘 펼쳐지고, 오므려지는지 확인한다. 4 내용을 충실히 넣고, 꾸미기도 잘 들어갔는지 본다.
참고자료	• 샛별이랑 한별이의 사회 예절 배우기(대교출판)

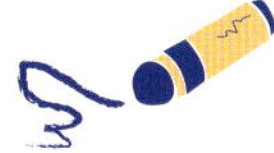

함께 만들어요

1.

2.

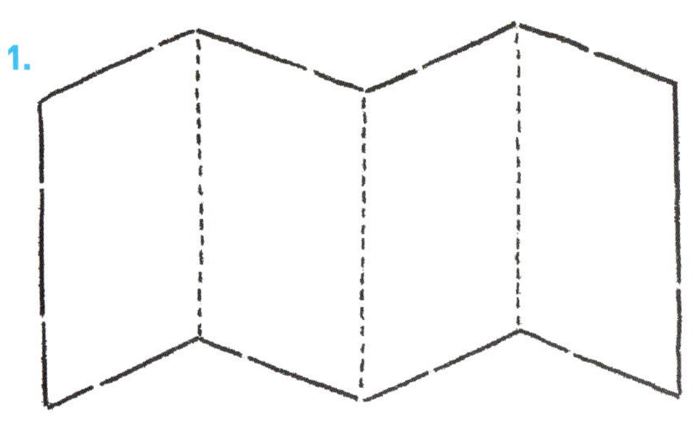

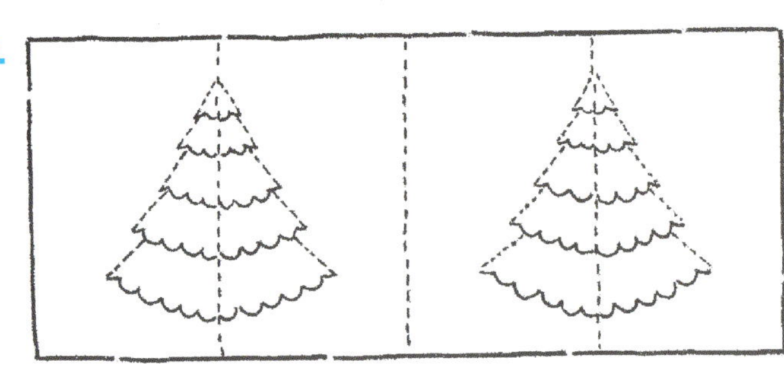

3.

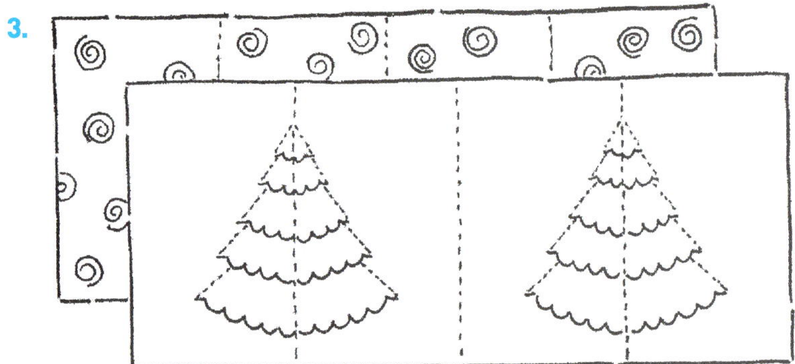

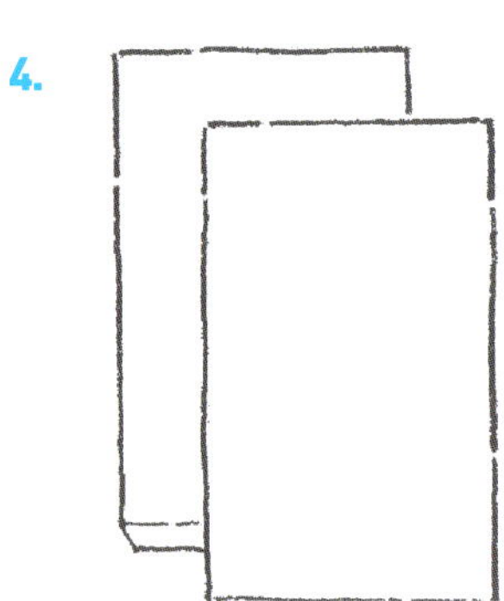
팝업을 한 트리의 안이 보이므로 예쁜 포장지를
뒤에 놓아 둔다.

4.

하드보드 커버는 속지 표지보다 사방 3m
크게 잘라 준다.

5.

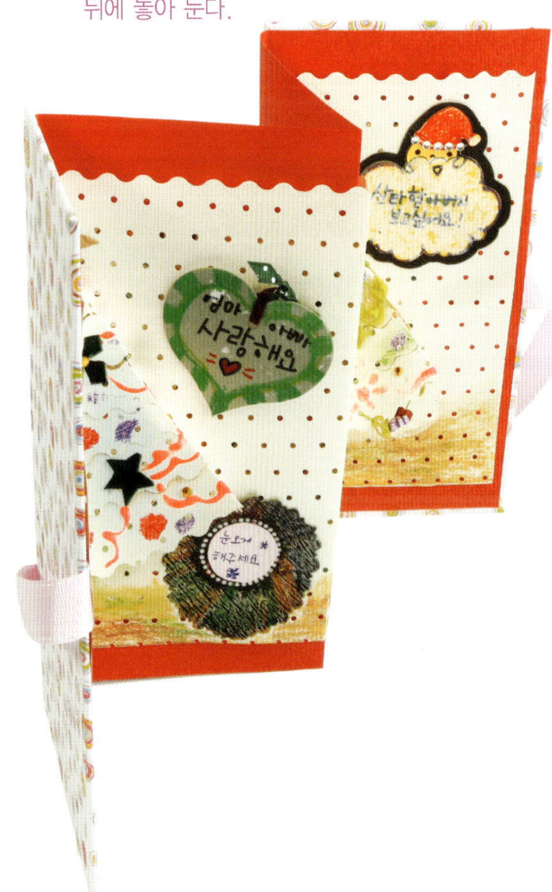

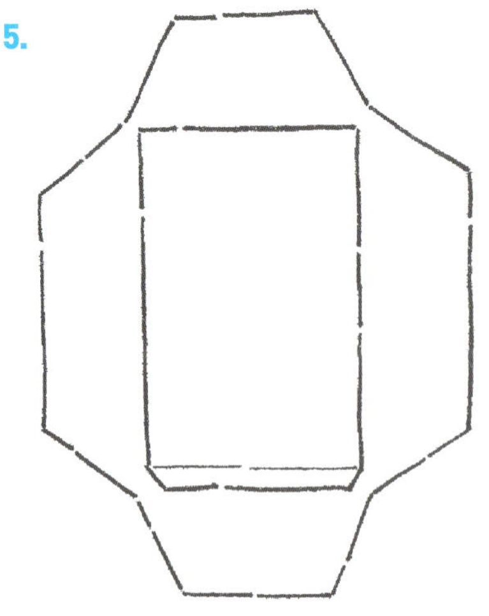

하드커버를 포장할 때는 모서리를 ∨ 모양으로
잘라 준다.

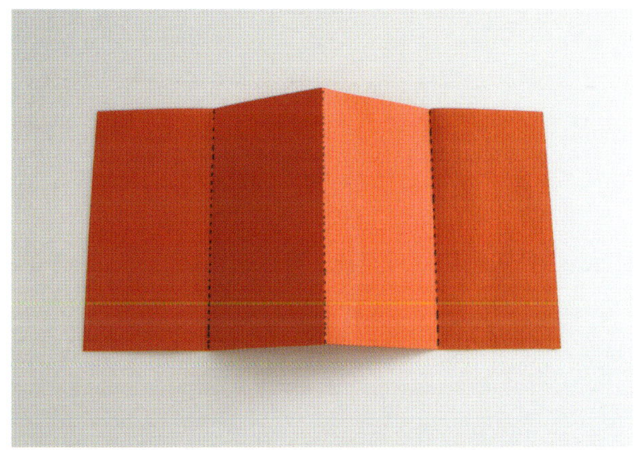

1. 그림과 같이 색지를 모두 4등분으로 접어 준다.

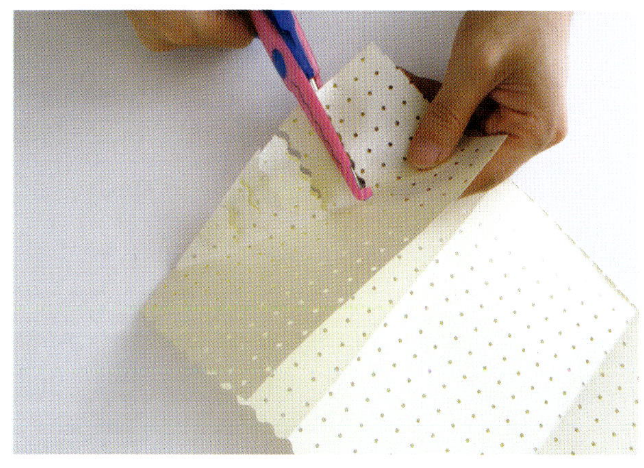

2. 모양을 낼 종이를 그림과 같이 핑킹 가위를 이용하여 오려 준다.

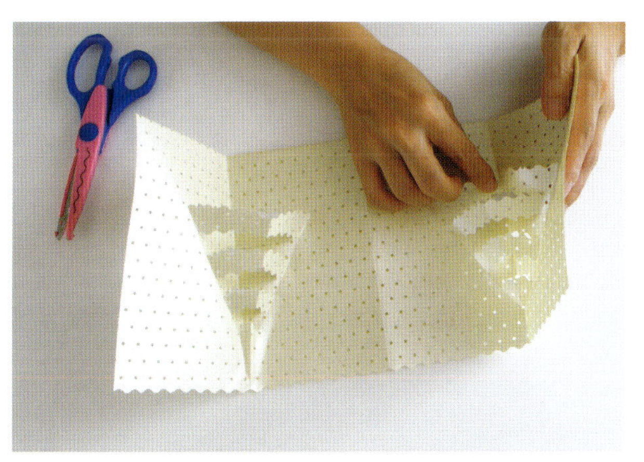

3. 크게 4등분으로 접었던 방향의 반대로 오렸던 트리를 접어 준다.

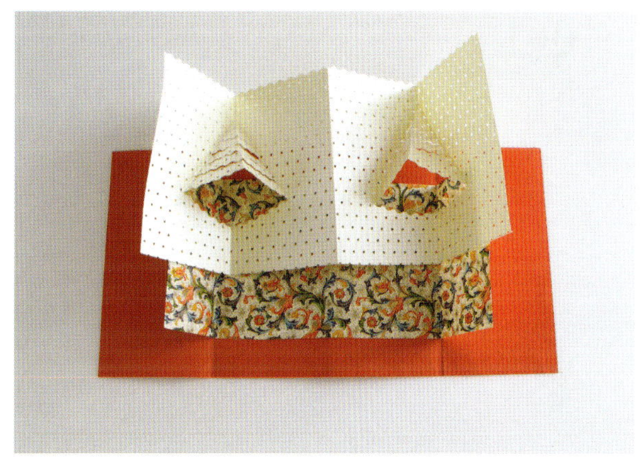

4. 3장의 종이를 같이 접어 팝업이 되는 부분을 제외하고 붙여 준다.

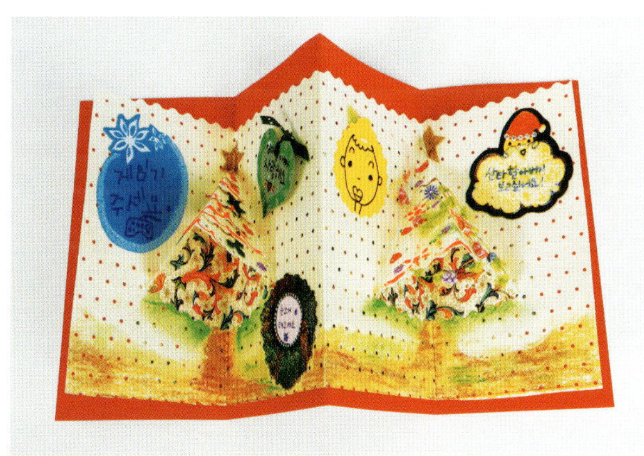

5. 크게 4등분으로 접었던 방향의 반대로 오렸던 트리를 접어 준다.

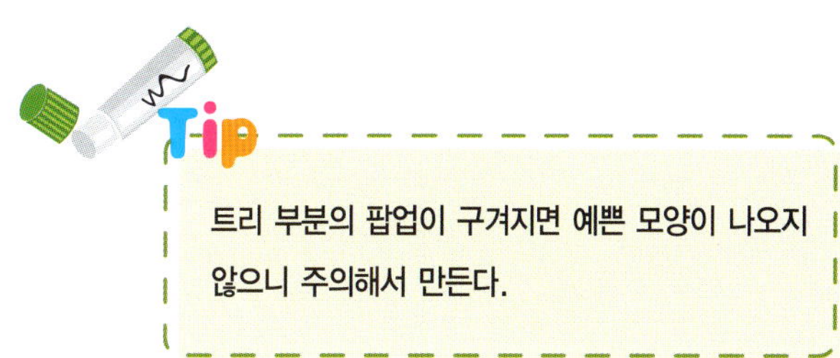

트리 부분의 팝업이 구겨지면 예쁜 모양이 나오지 않으니 주의해서 만든다.

응용해 보세요

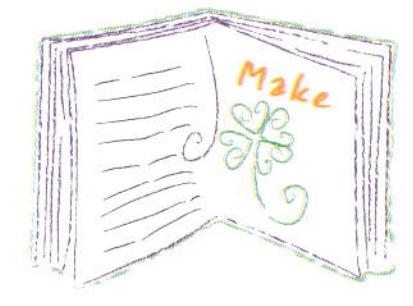

솜사탕같은 종이

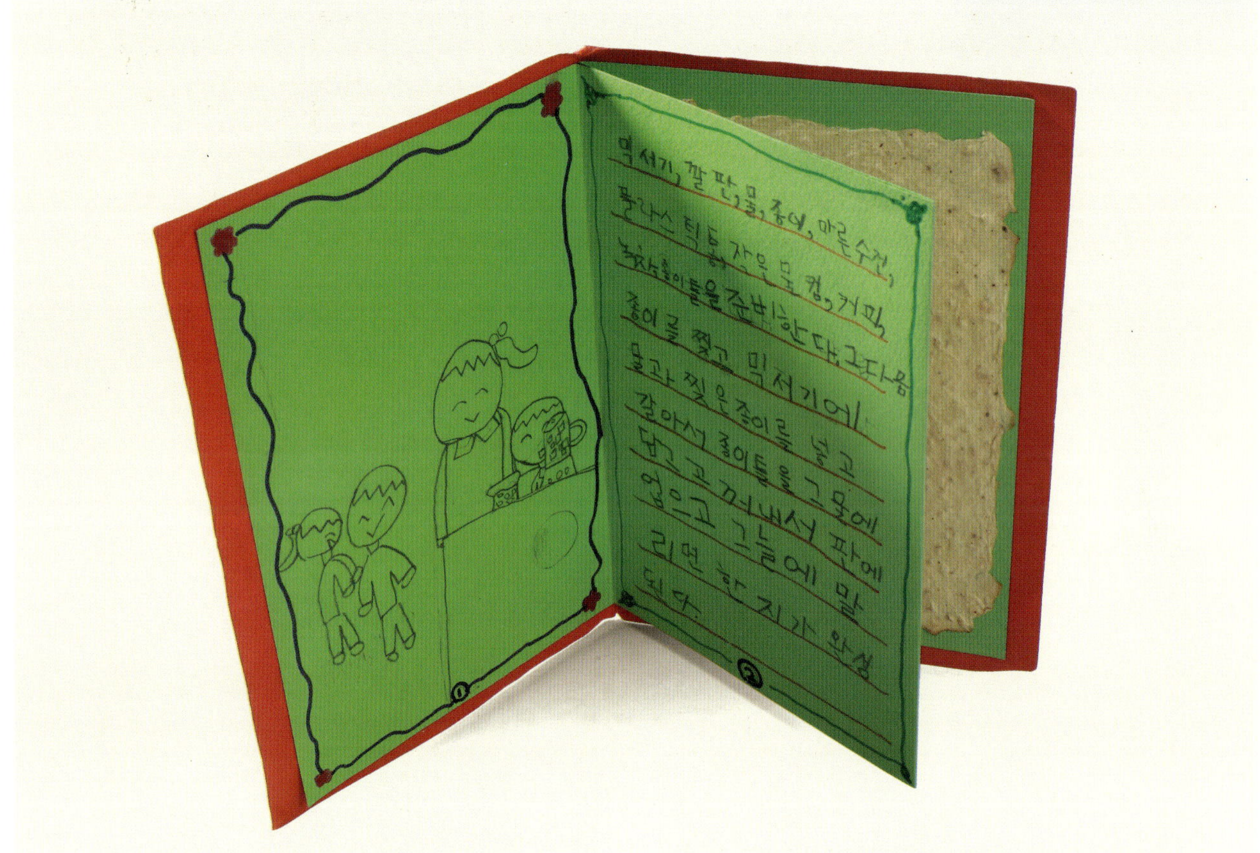

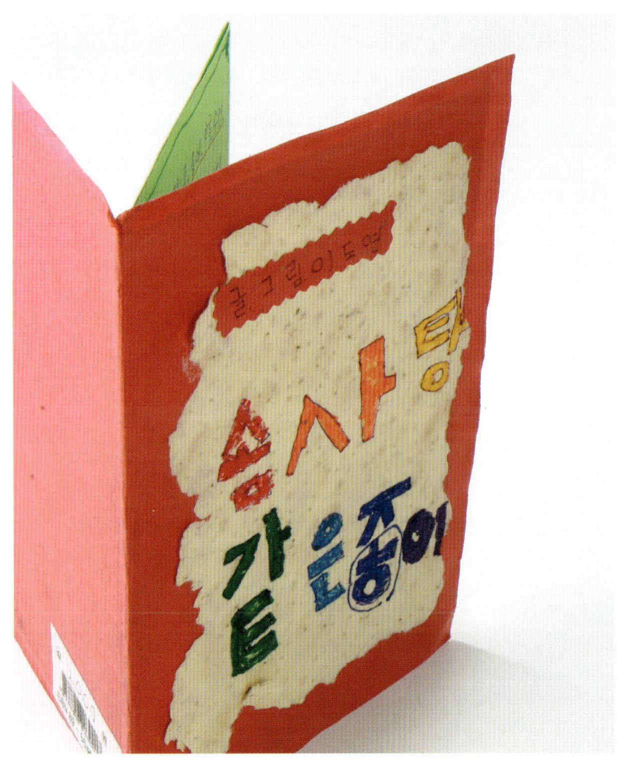

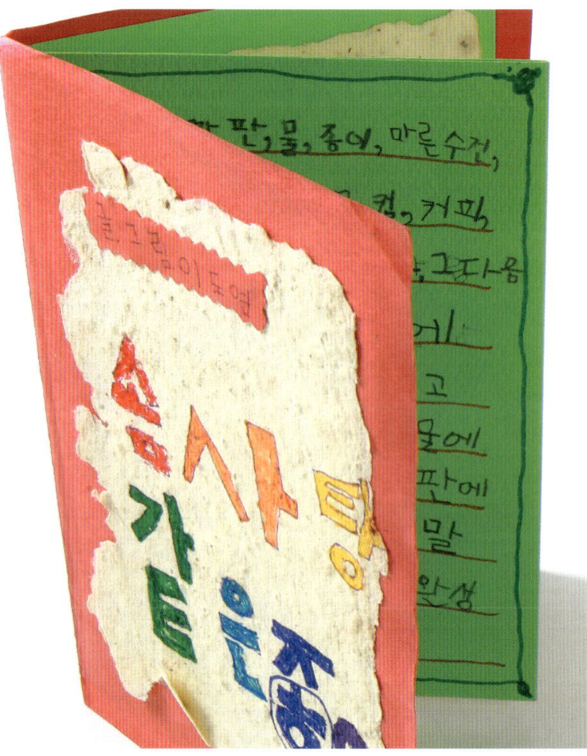

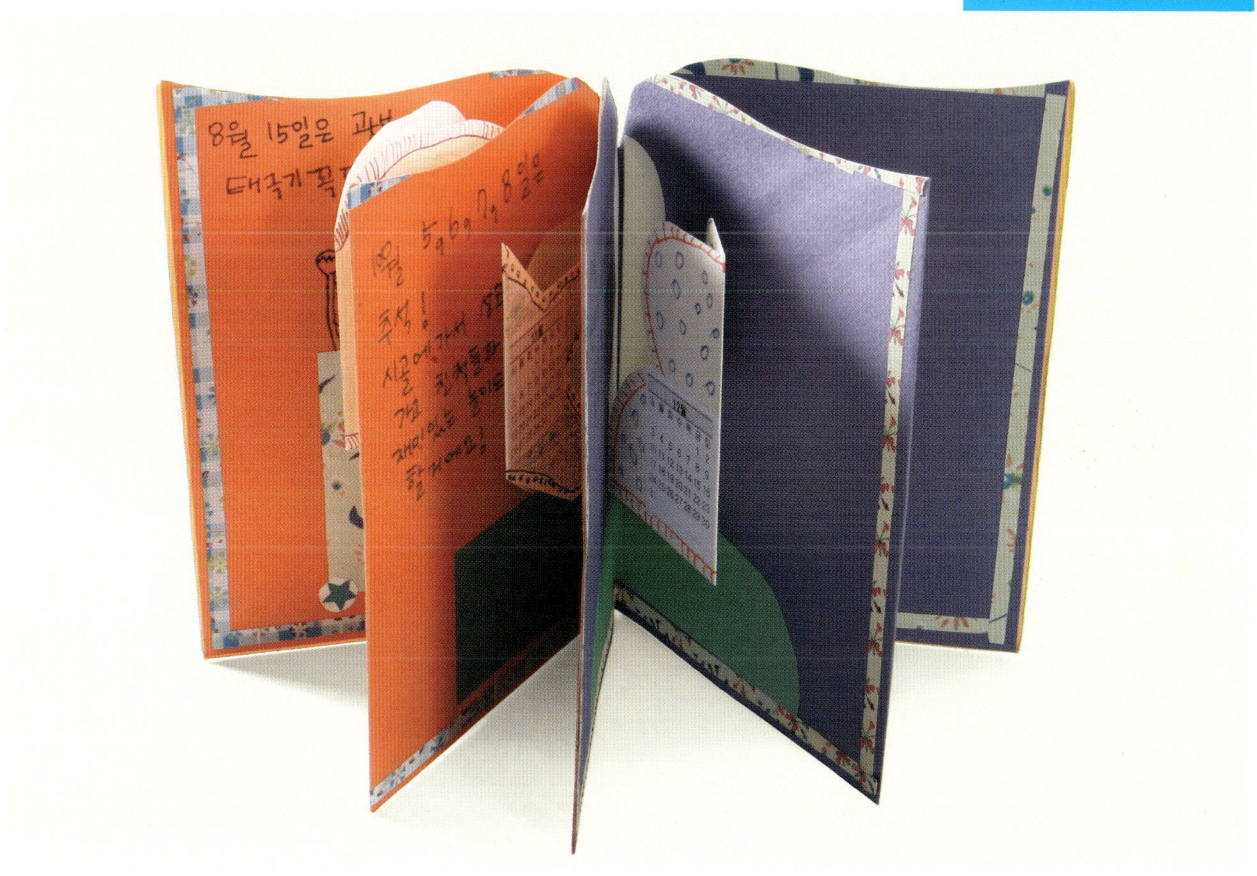

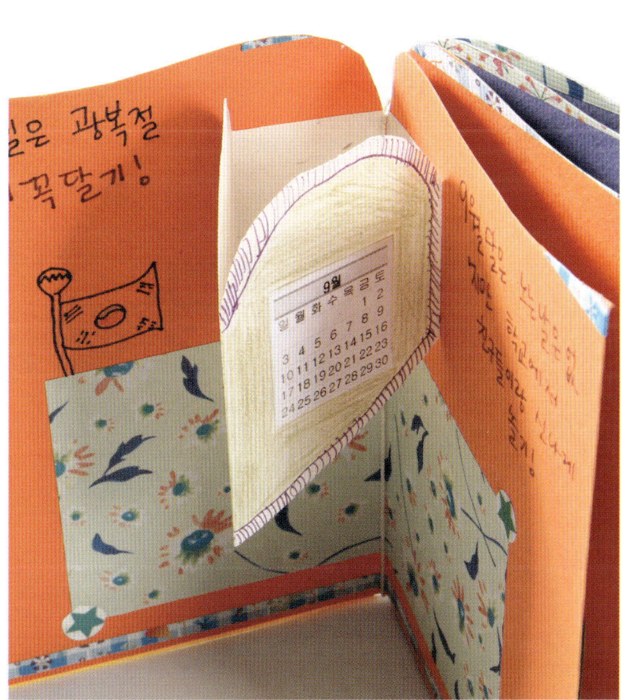

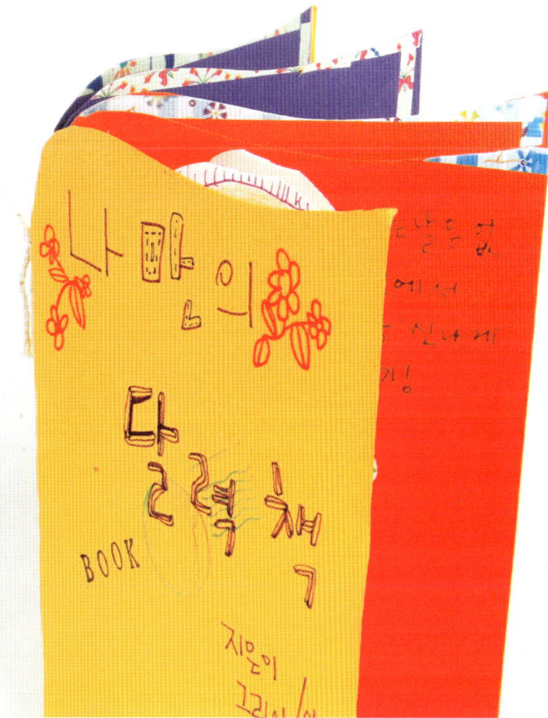

03 | 6면 접기

Making books for Children

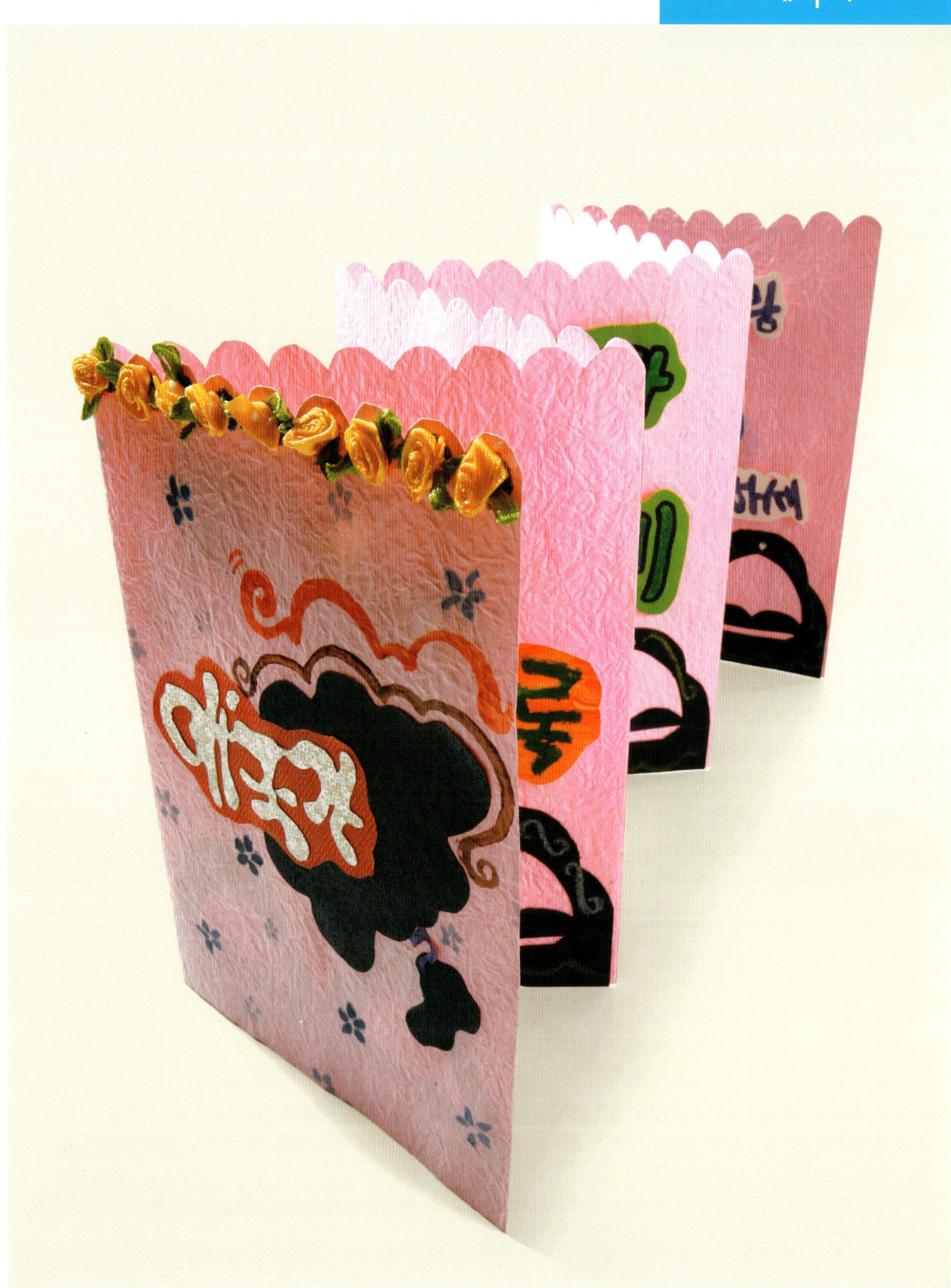

기본구조	• **6면 접기_** 6면 접기는 페이지 구성면에서 저학년, 고학년 모두 이용될 수 있는 구조이다.
주 제	• 애국가
준 비 물	고체풀, 가위, 자, 색도화지(16.5cm × 78cm), 색종이, 주름지, 꽃리본, 싸인펜, 색연필찍찍이 등
관련 및 도움말	• **애국가_** 애국가의 가사를 익히고, 애국가를 불러 본다. • **한지공장견학_** 한지 만드는 순서를 익혀서 책으로 만드는데, 요즘은 재활용 종이 만드는 방법도 많이 일반화 되어 있으므로, 집에서 종이를 만드는 방법을 순서대로 정리해 보는 것도 좋을 듯하다. • **김치 만드는 순서_** 집에서 엄마가 김치를 만들 때 옆에서 잘 관찰해 보고. 순서를 그림으로 그려서, 혹은 사진으로 찍어서 책으로 표현해 본다.
활동목표	• 6면 접기의 기본 원리를 알고 내용을 담아 표현할 수 있다. • 찍찍이를 같이 활용해 문장의 순서를 외우는 데 활용할 수 있다.
난 이 도	상 중 **하**
지도방법	1 다 같이 애국가 1절을 불러 본다. 2 가사를 적어 본다. 3 색상지에 싸인펜으로 한 구절씩 가사를 적고 오려서 찍찍이를 붙여 준다. 4 6면 접기를 한 후 붙여 주고 마무리한다.
제작시 유의사항	• 6면 접기는 다양한 응용이 가능한데 6면 접기를 한 후, 윗부분을 2cm, 아랫부분을 길게 여섯 면 모두 한꺼번에 3cm정도를 접어 주면 엽서나, 낱말카드 등을 꽂을 수 있다. • 6면 접기는 아이들이 접을 때 어려울 수 있으므로, 한 면 사이즈의 보드를 나누어주고, 치수를 연필로 체크해 순서대로 지그재그로 접어 주면 좋다.
평가관점	1 내용의 연결성과 주제는 잘 선정되었는지 확인한다.
참고자료	• 한지돌이(보림)_ 한국 전통의 종이 한지, 창호지, 반짇고리, 연, 부채 등 다양한 색상의 한지 견본이 들어 있는 그림책으로 우리 전통한지를 소개하는 그림책이다.

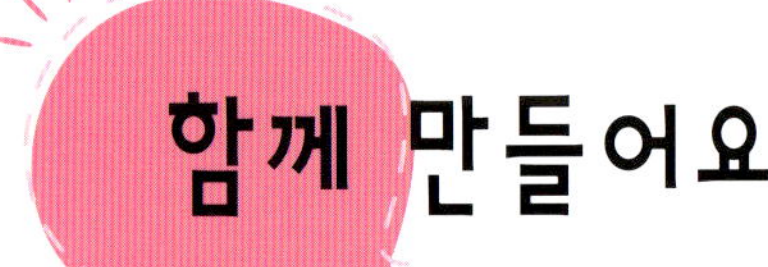

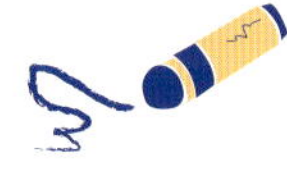

1.

2.   3.

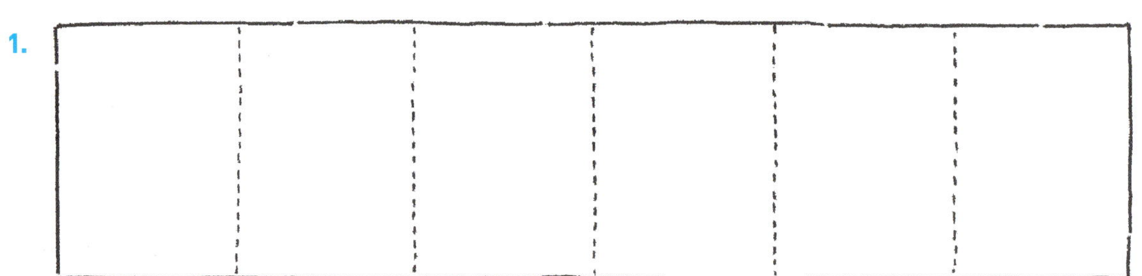

🔼 6면 폴더 접기는 많이 사용되므로 잘 익혀둔다.

4.

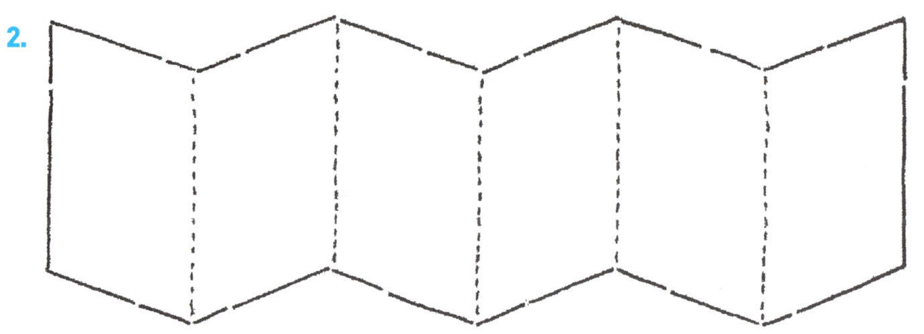

▶️ 장식을 할 때는 찍찍이를 이용해 본다.

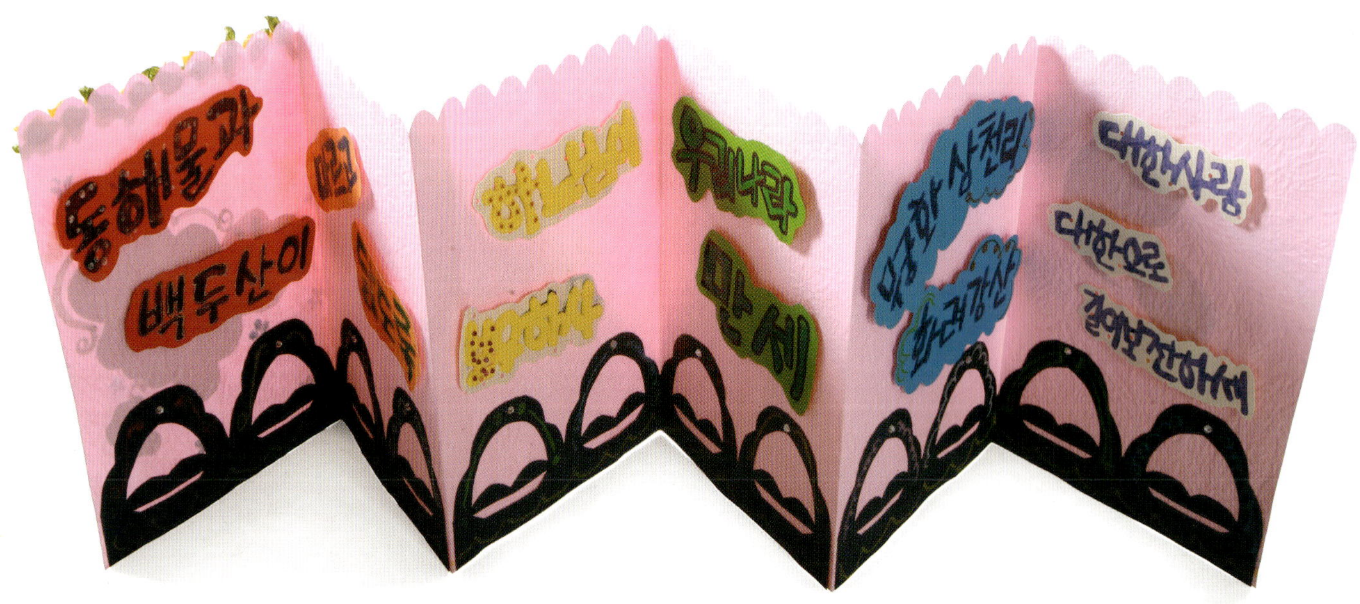

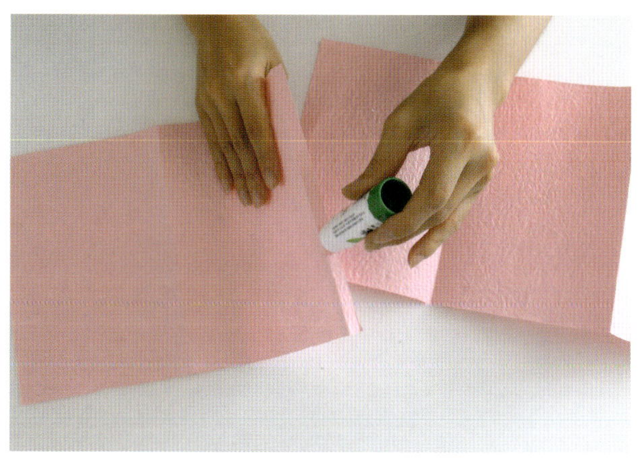

1. 6면 접기는 종이가 모자를 수 있으니 6면이 될 수 있도록 2장을 이어 붙인다.

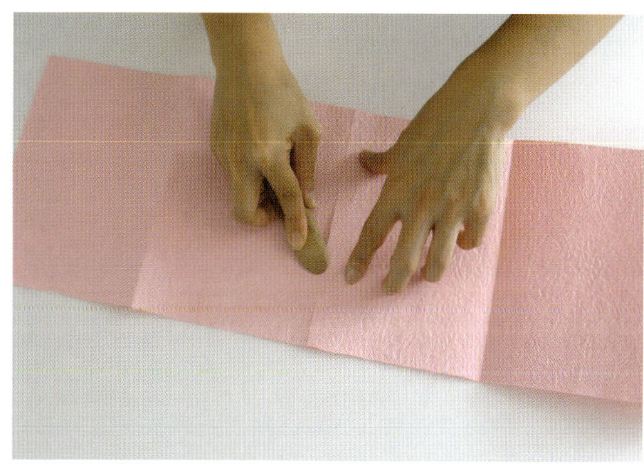

2. 2장을 붙일 때는 떨어지지 않도록 폴더나 자를 이용하여 꼼꼼하게 붙인다.

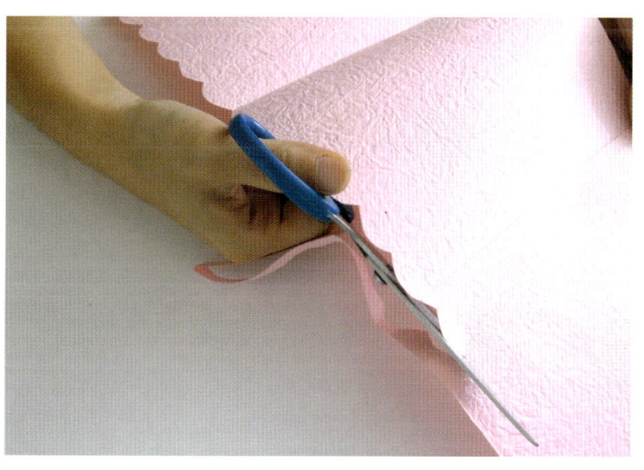

3. 그림과 같이 윗면을 가위로 모양을 내준다.

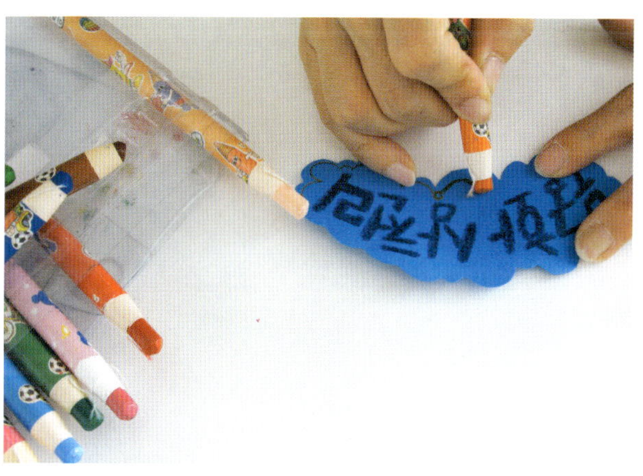

4. 색연필을 이용하여 장식을 꾸며준다.

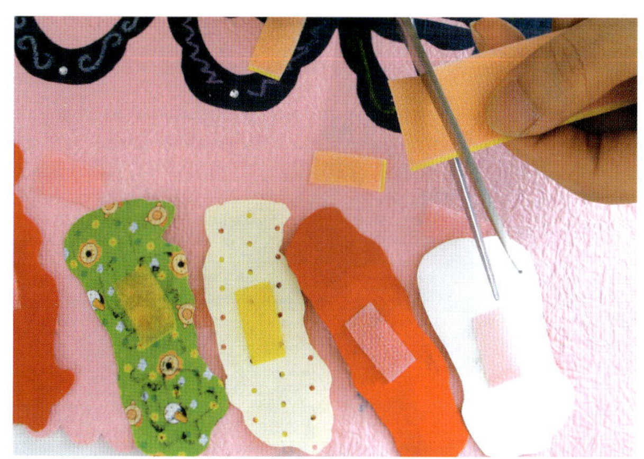

5. 꾸며준 장식을 찍찍이를 이용하여 붙였다 뗄 수 있도록 만든다.

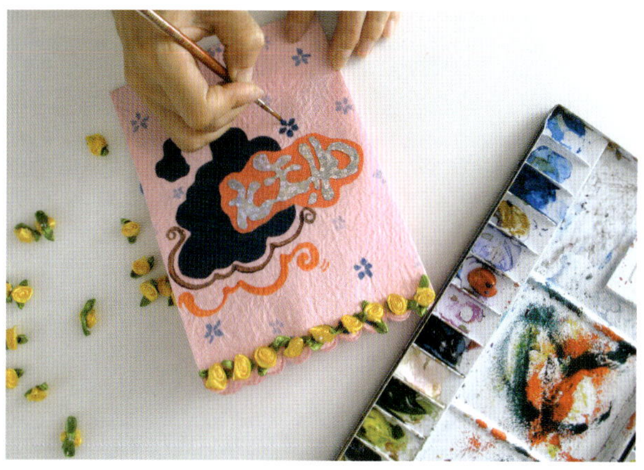

6. 물감들과 악세사리를 이용하여 꾸며 주면 나만의 책이 완성된다.

응용해 보세요

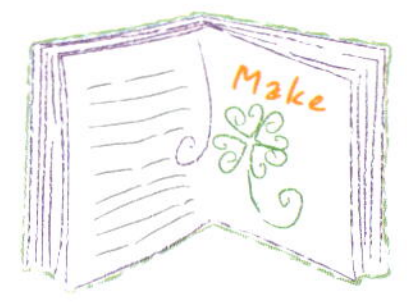

철수의 한글카드

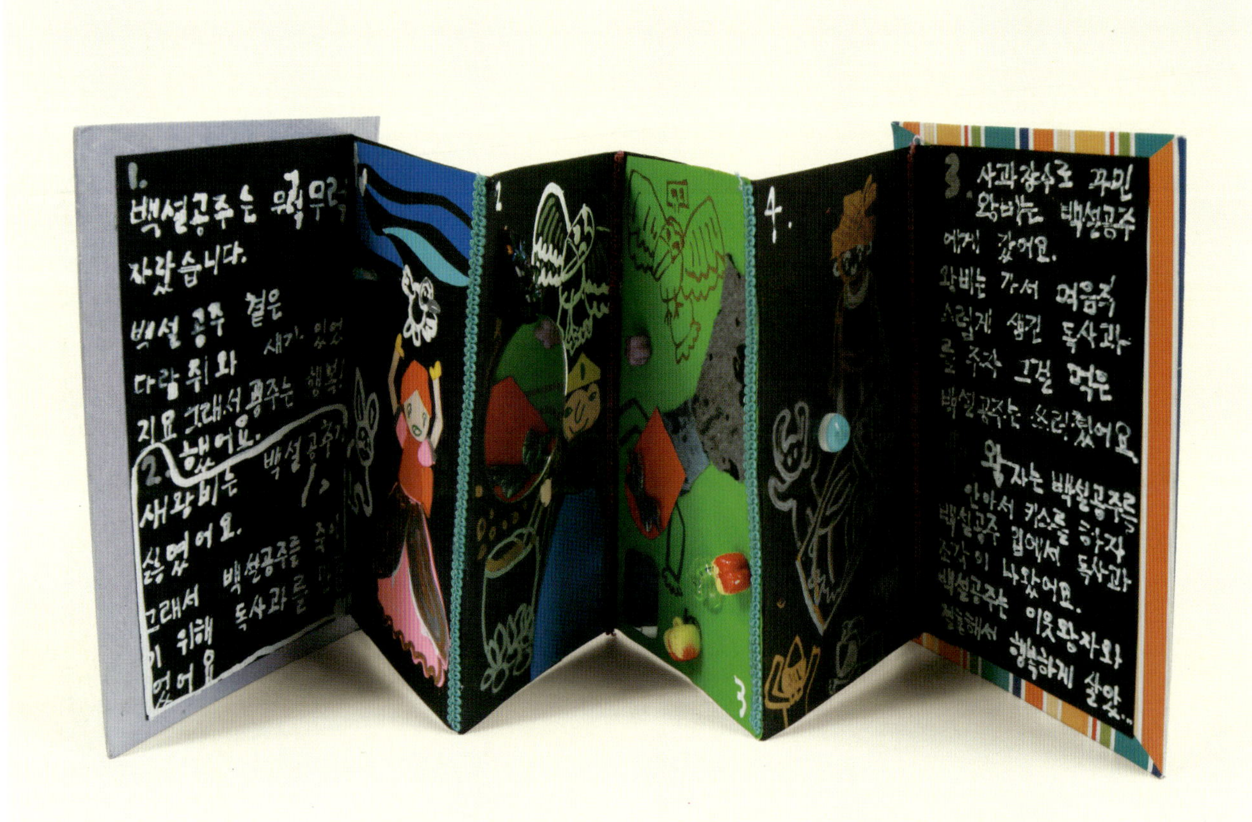

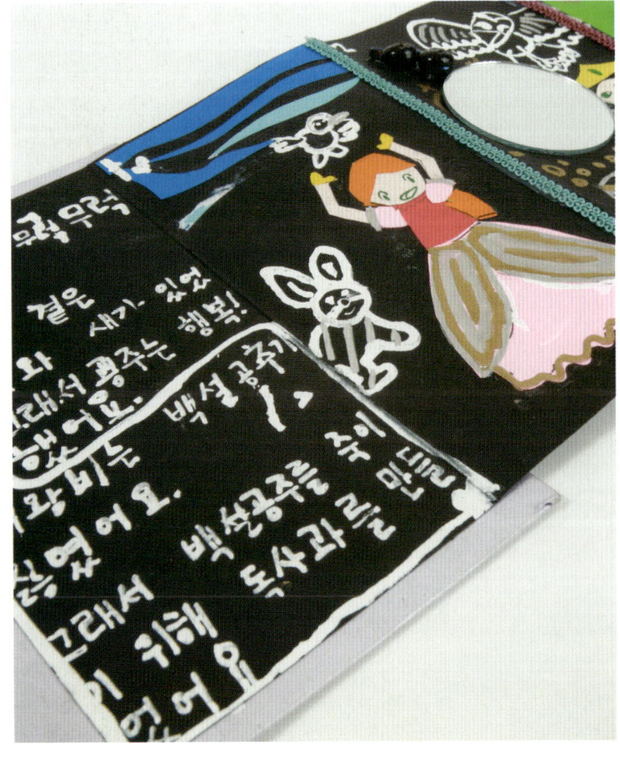

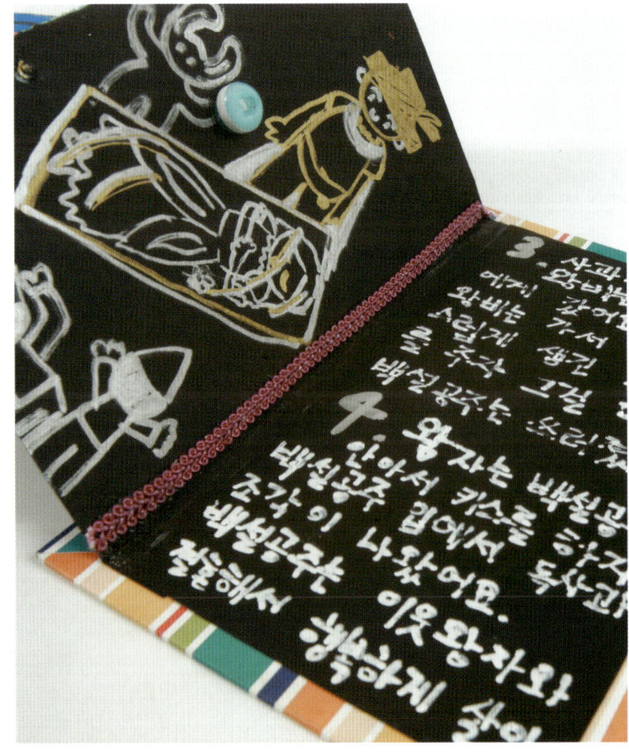

아 기 돼 지 3 마 리

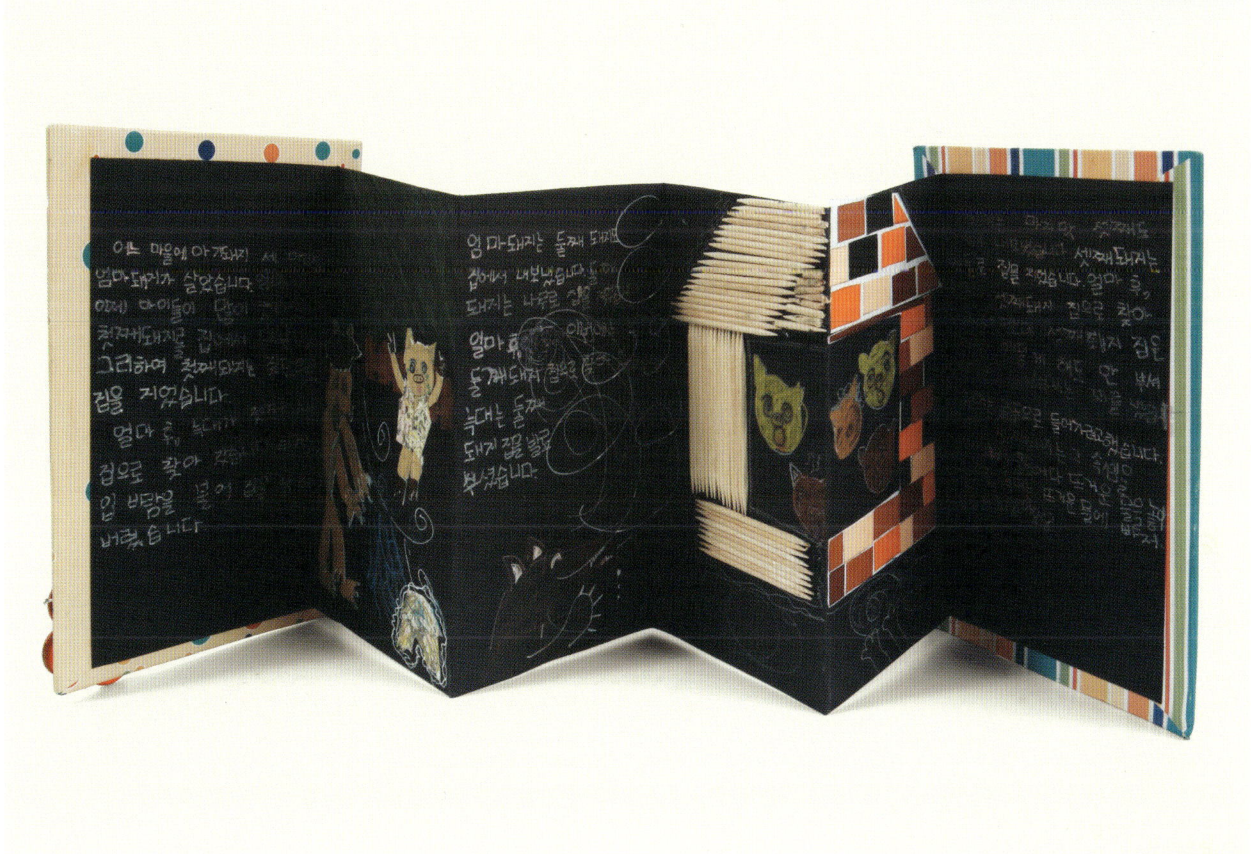

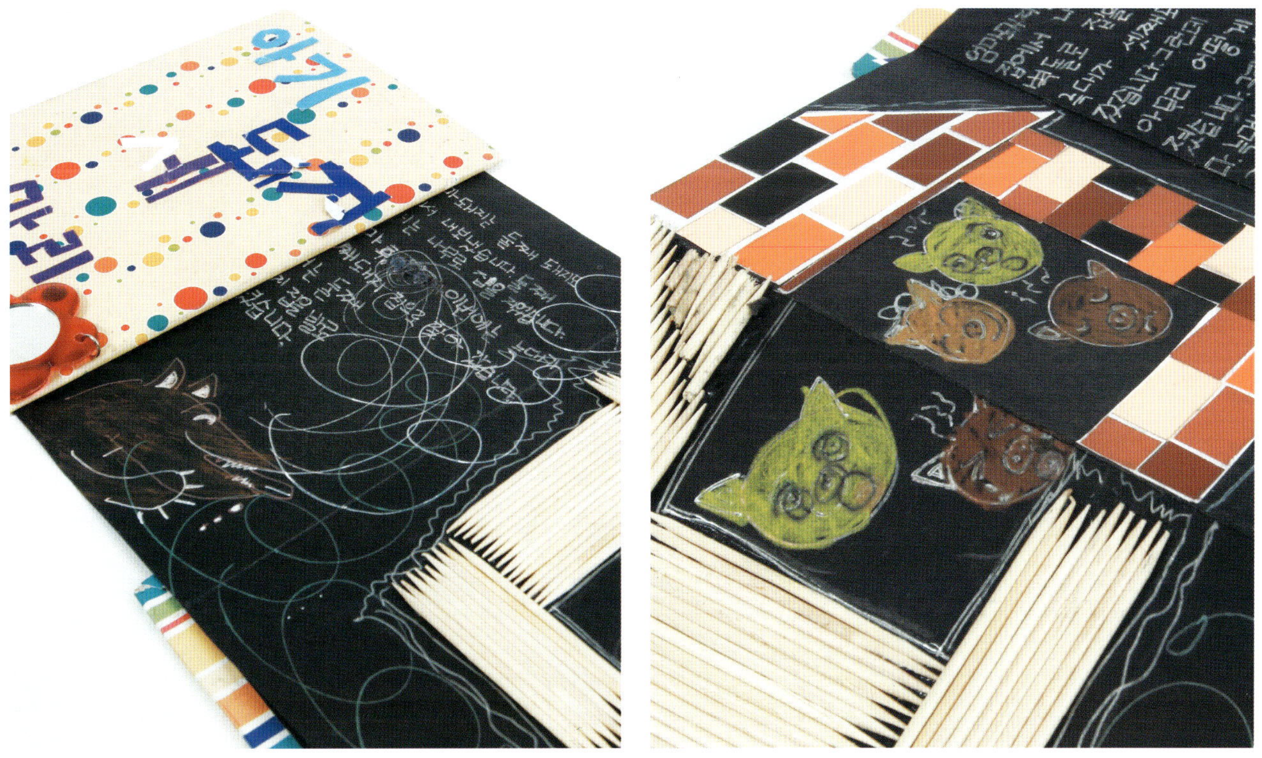

04 | 8면 접기
Making books for Children

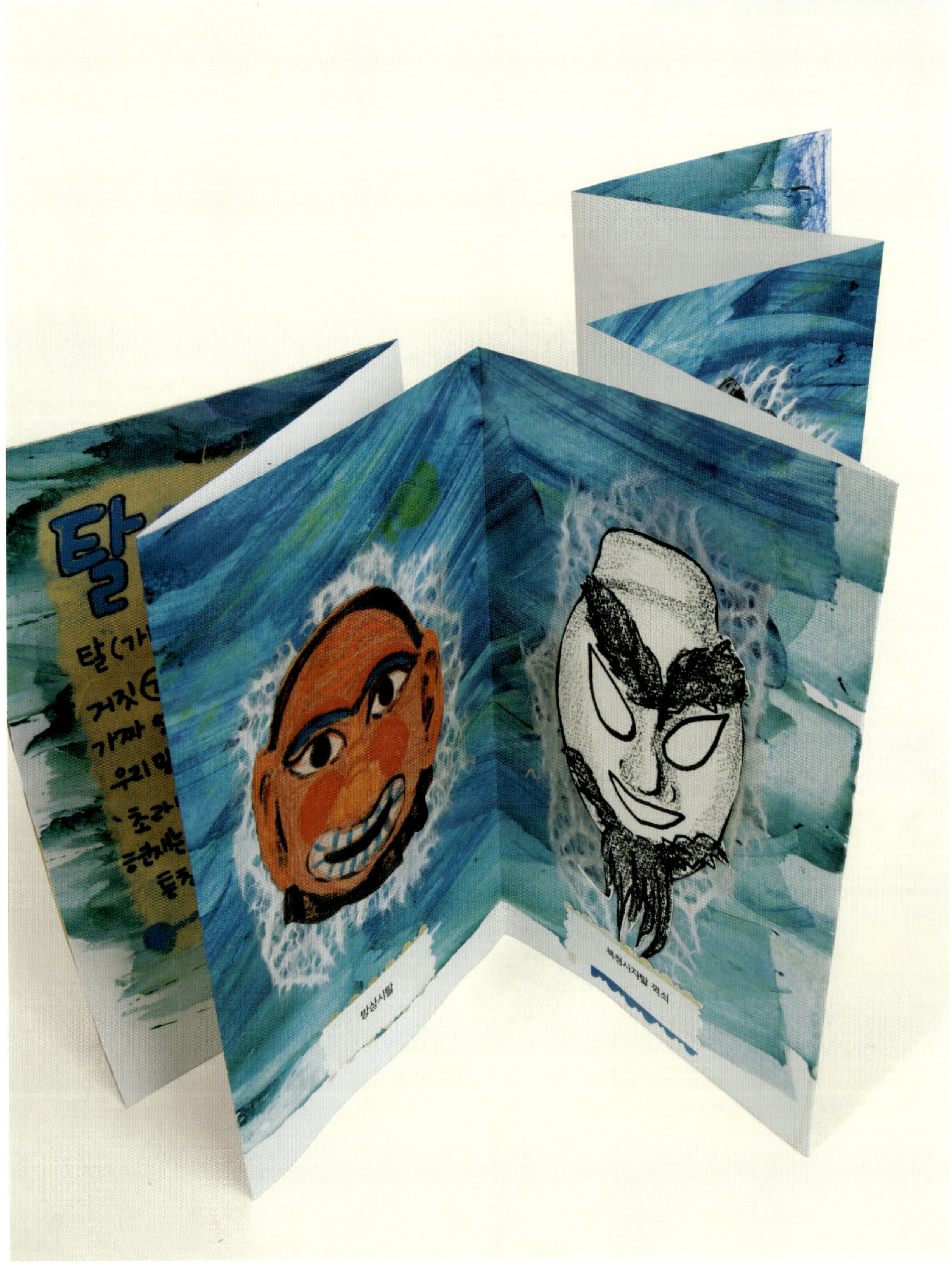

기본구조	• **8면 접기_** 8면 접기는 접는 부분이 길어 종이를 연결해서 이어 붙여야 한다. 8장면이므로 이야기가 있는 책 만들기에 사용하면 좋다.
주 제	• 여러 가지 탈
준 비 물	고체풀, 가위, 자, 커버용 하드보드, 색도화지(14㎝ × 48㎝), 색연필, 싸인펜, 색종이, 물감 등
관련 및 도움말	• **여러 가지 탈_** 우리 나라의 민속놀이에 자주 등장하는 다양한 탈들을 관찰하고, 자료를 조사하여 프린트해 붙여 보고, 서로 비교해 본다. • **도로표지판_** 도로 공사, 자전거 도로 등 우리 생활에서 흔히 볼 수 있는 다양한 표지판을 조사하여, 그리거나 혹은 프린트하여 붙여서 만든다.
활동목표	• 다양한 탈에 대한 기능과 생김새에 대하여 설명하고 8면 접기 내에 담아 제작할 수 있다.
난 이 도	상 중 **하**
지도방법	1 다양한 탈의 종류와 생김새, 특징에 관해 이야기한다. 2 탈 중에서 4가지를 골라 그림을 그리고, 탈에 대한 설명을 넣는다. 3 그리기 외에도 꼴라주 기법으로 해도 된다. 4 완성한다.
제작시 유의사항	• 어떤 책으로 만들까 주제를 정할 때 8면을 채울 수 있는 이야기 거리가 풍부한 주제를 정한다. 단순한 이야기를 가지고 만들 경우 중간에 그릴 거리를 연결하지 못해 고민할 수 있다. 동화책의 장면을 순서대로 그리거나, 여행의 장면들을 여행 출발부터 도착지의 풍경에서 오는 길까지 하루의 모습을 표현하는 것도 좋다. • 유의사항으로는 페이지를 연결하는 부분이 조금만 어긋나게 붙어도 접었을 때 삐뚤어져 보이므로 유의한다.
평가관점	1 완성도가 떨어지지 않는지, 표지나 내지기 잘 붙여져 있는지 확인한다. 2 8면은 넣어야 될 많은 내용과 서로의 연결성이 있어야 하므로 잘 되었는지 완성도를 확인한다.
참고자료	• 얘들아! 탈춤이랑 놀자(두산 동아)_ 동랑 유치진 선생님

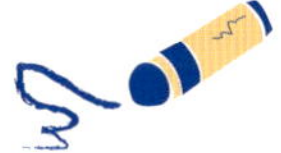

함께 만들어요

1. 

2. 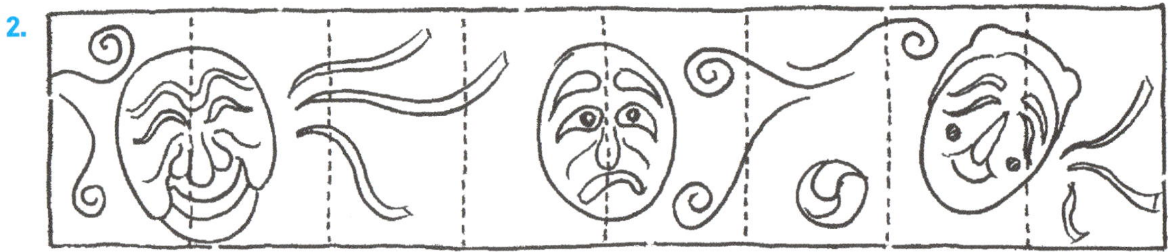

3. 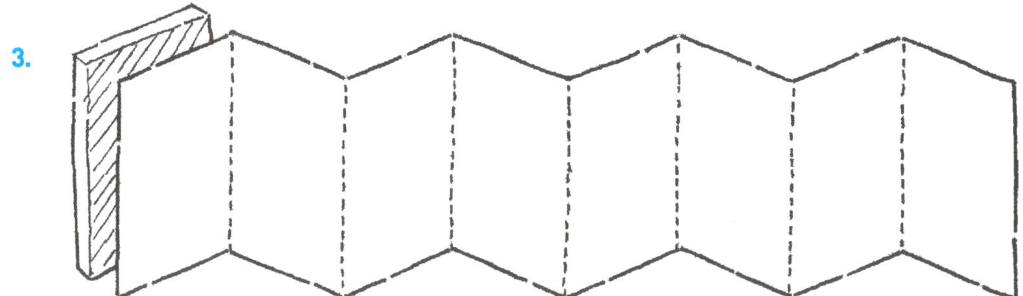

⬆ 6면 폴더 접기의 응용이라 생각하면 된다.

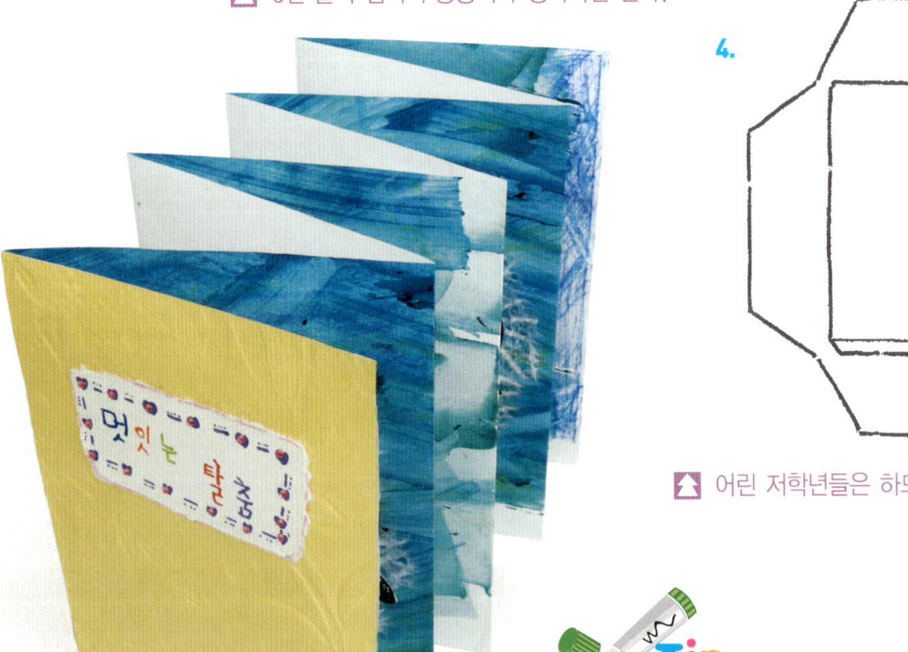

4.

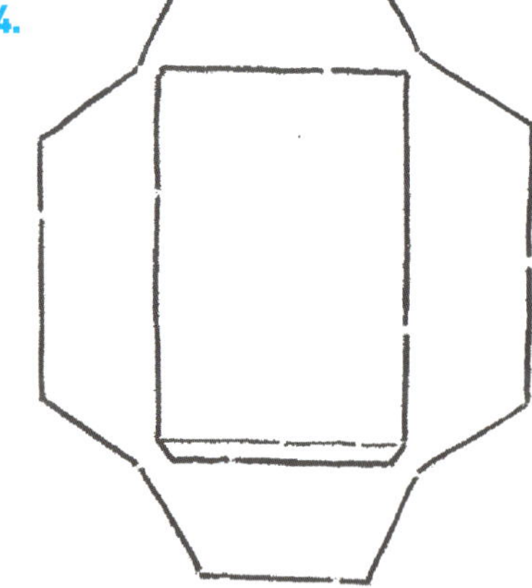

⬆ 어린 저학년들은 하드커버로 하지 않아도 된다.

Tip
탈에 대해서 선생님들이 준비한 다양한 탈 모양 자료를 칠판에 붙여 놓고 이야기를 하면서 수업을 진행하면 좀 더 수월하게 할 수 있다.

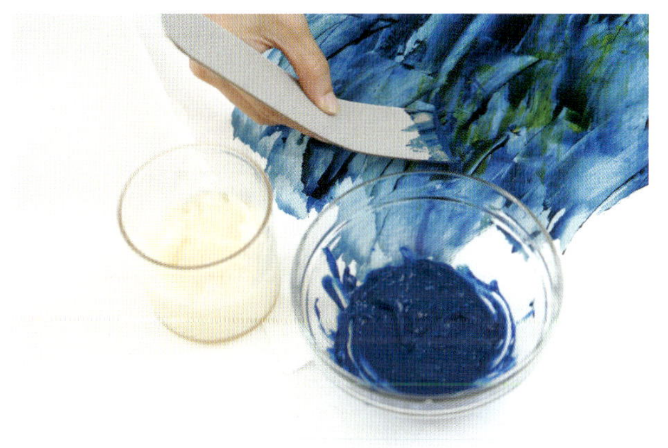

1. 그림과 같이 바닥에 물감을 칠한 도화지를 6면 접기 방식처럼 8면으로 접어 준다.

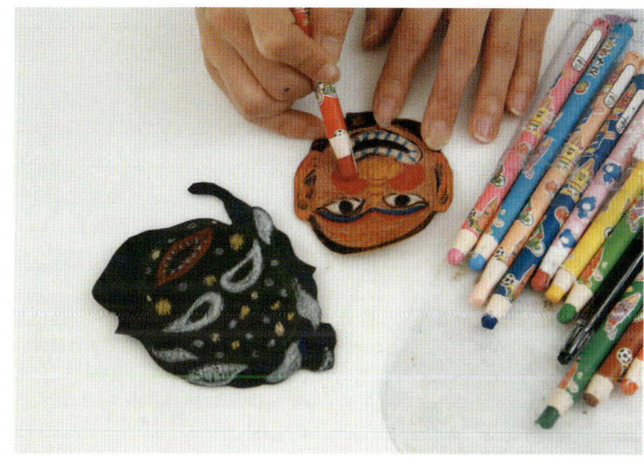

2. 장식할 탈을 그려 준다.

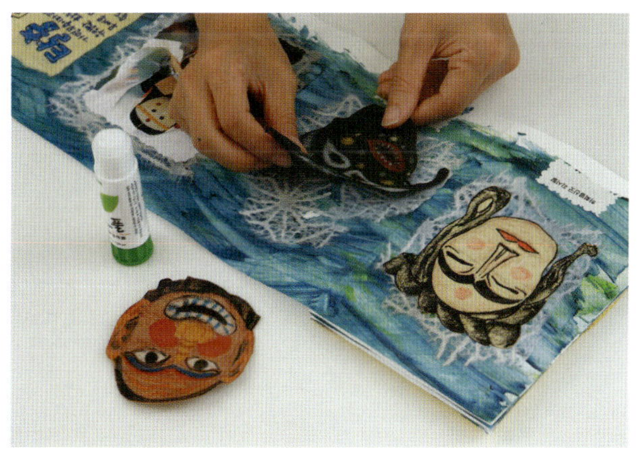

3. 만들어 둔 장식을 8면에 붙여 준다.

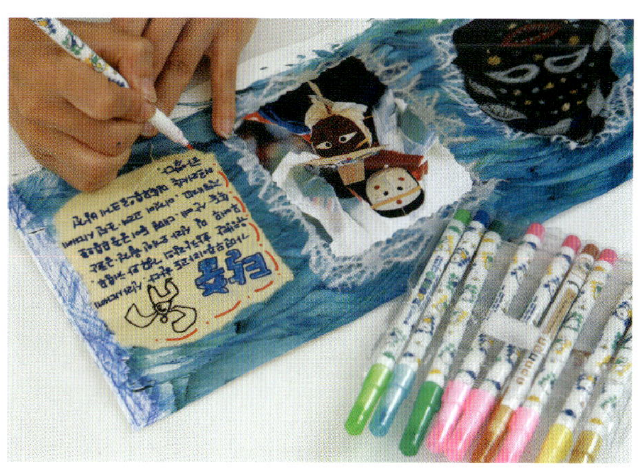

4. 안쪽에는 예쁜 그림을 그려 주면 완성된다.

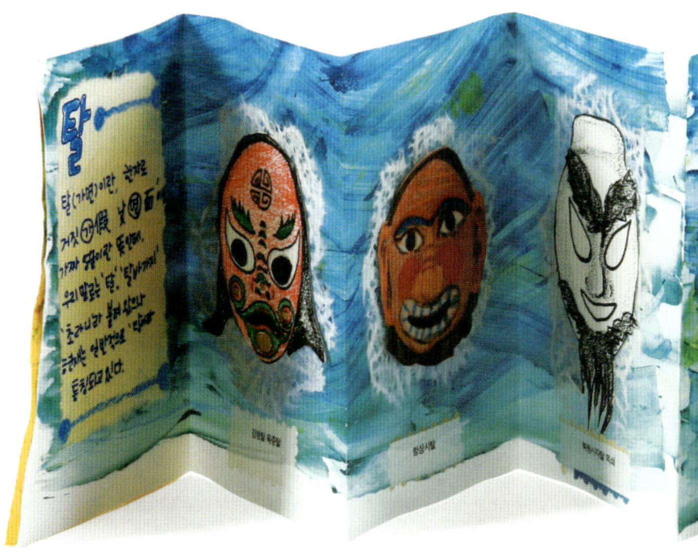

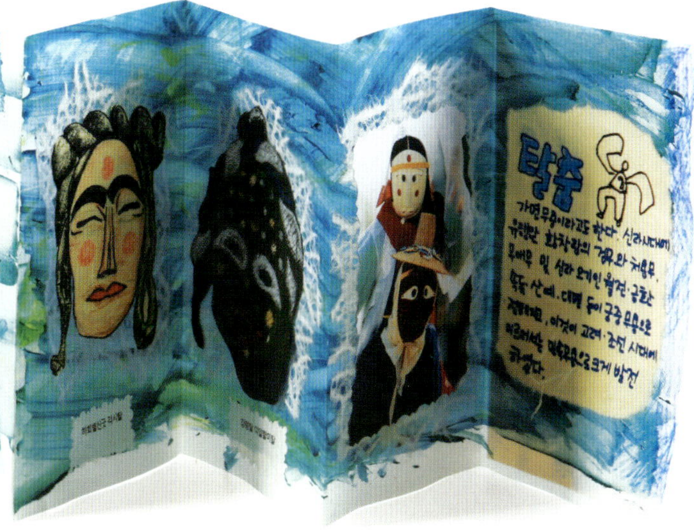

응용해 보세요

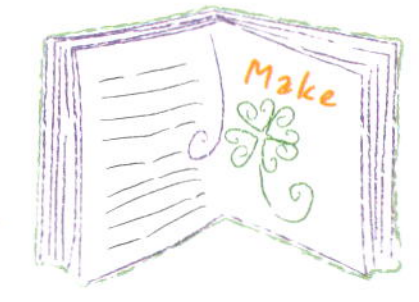

Book arts

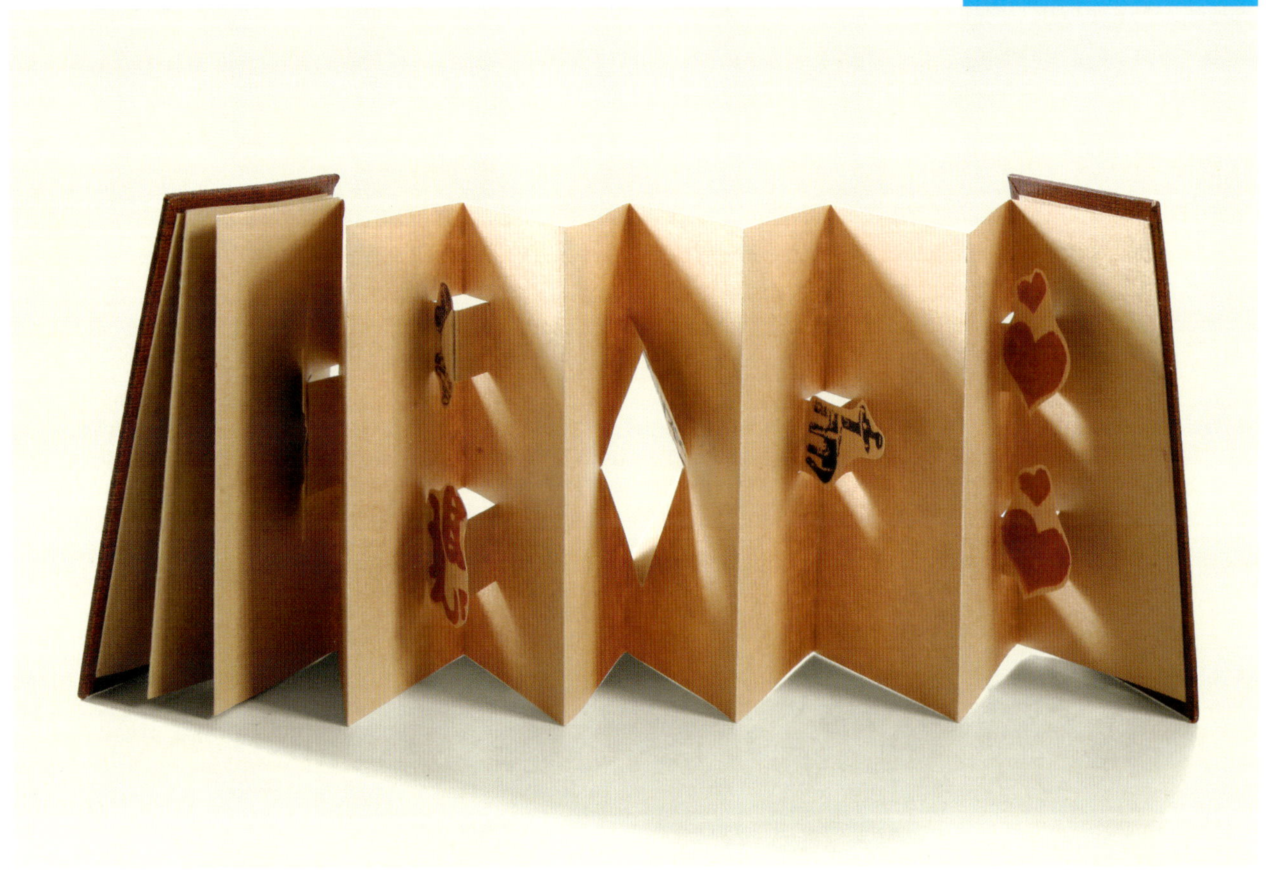

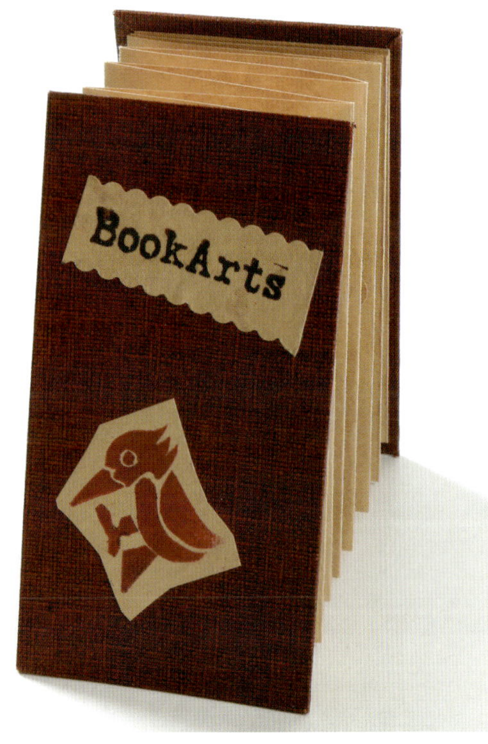

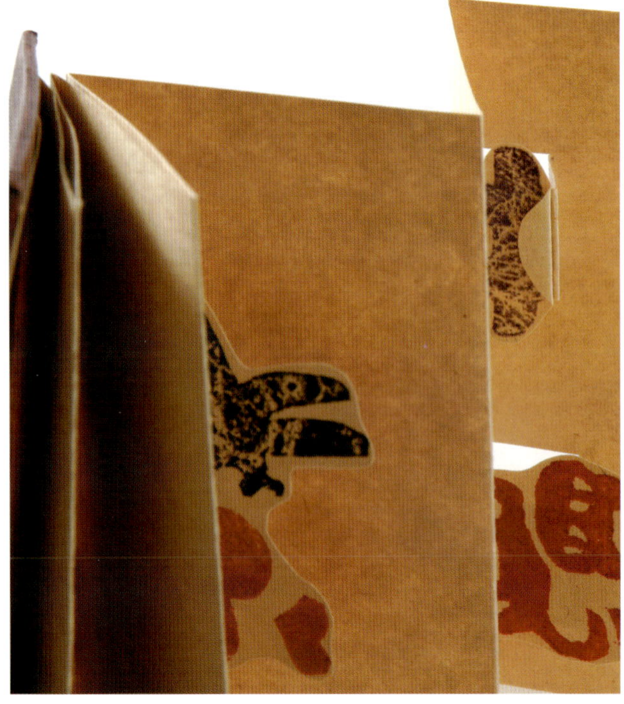

밥먹기 싫어

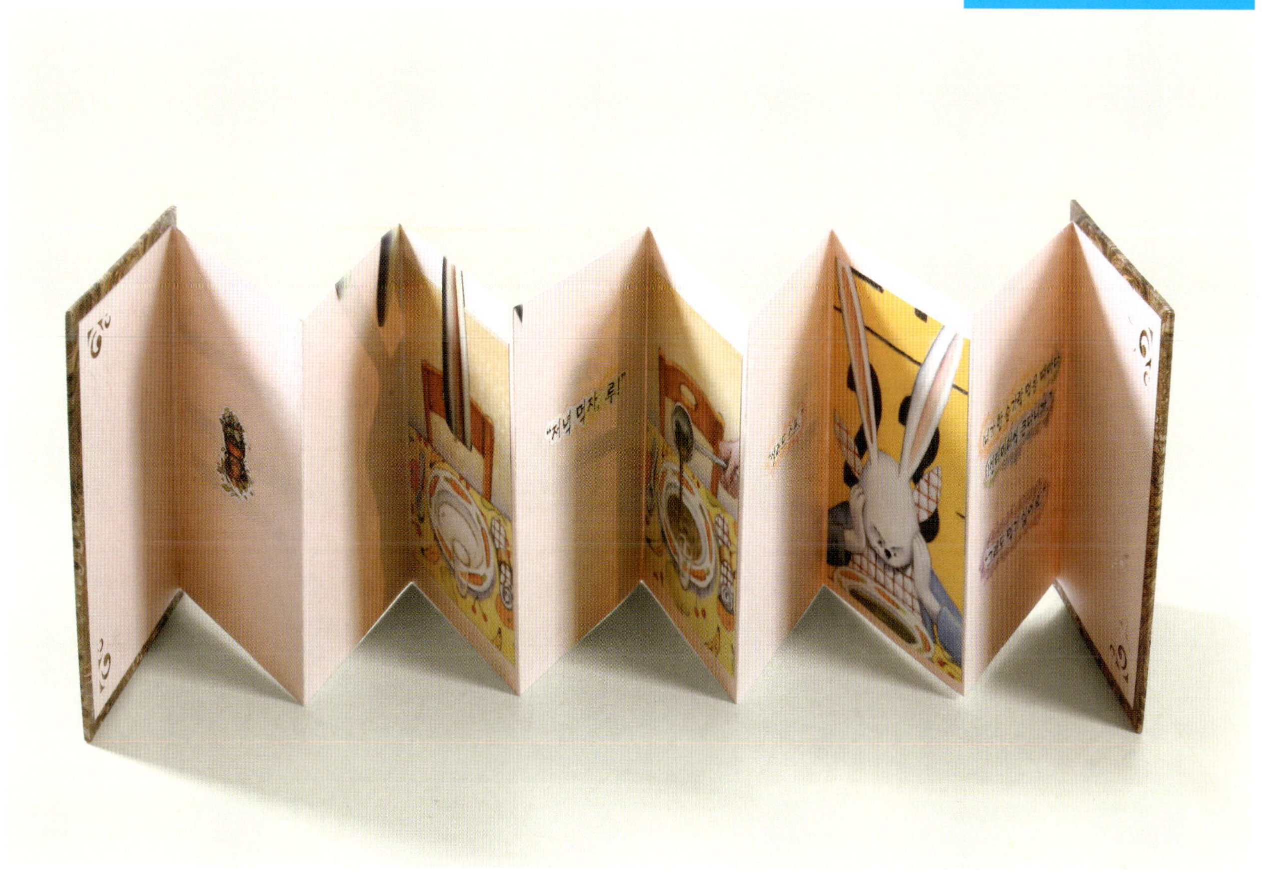

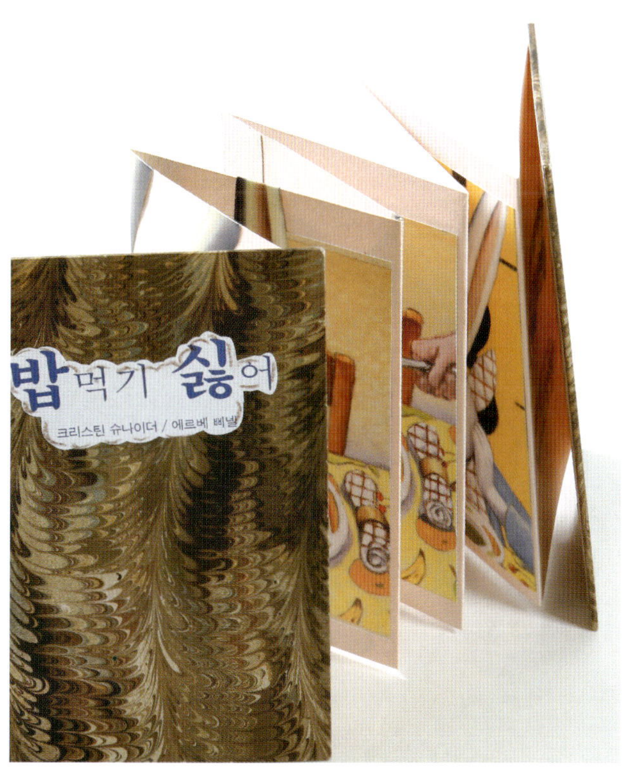

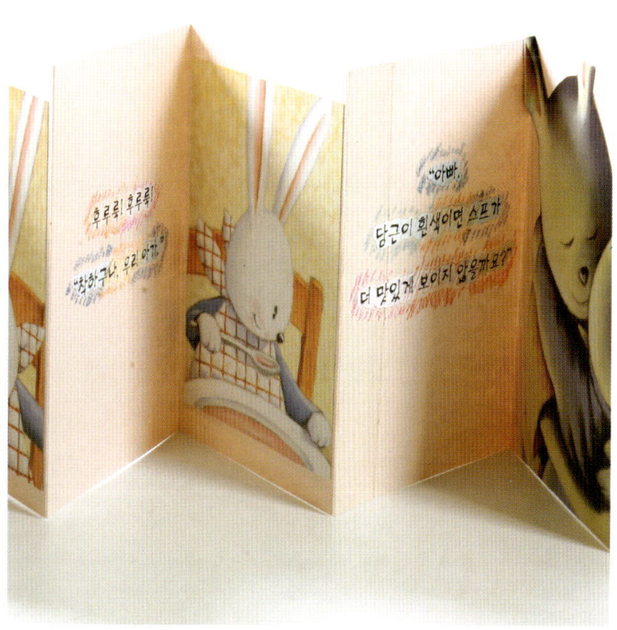

05 │ 블라인드

Making books for Children

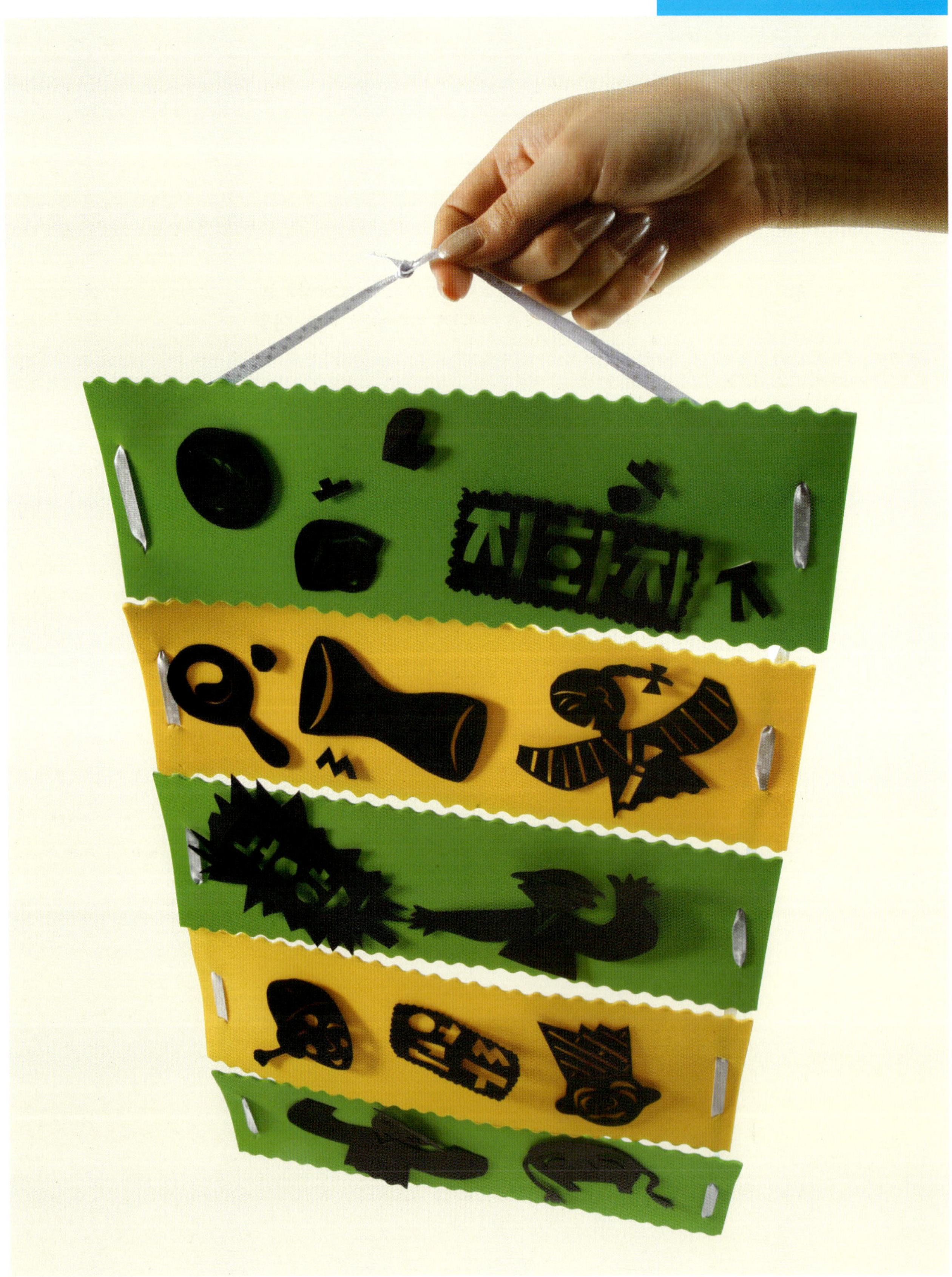

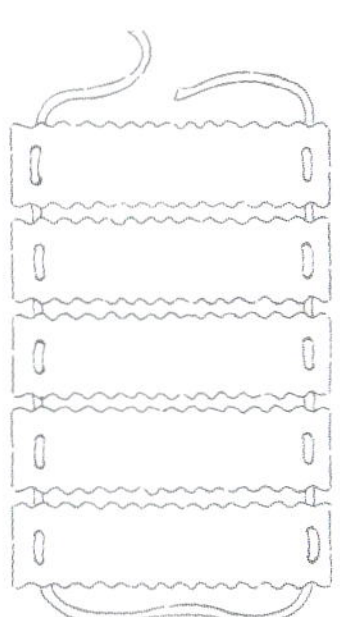

기본구조	• **블라인드_** 블라인드는 창문에 거는 블라인드를 그대로 가르키는 말로 종이를 양끝을 실로 연결해 만드는 방식이다.
주　제	• 농악놀이
준 비 물	고체풀, 가위, 자, 압축 스펀지(10㎝×30㎝) 5개, 송곳, 색도화지, 양면테이프 등
관련 및 도움말	• **뒷말 잇기_** 사과 → 과수원 → 원장 → 장미 → 장소 등 • **조상들의 명절놀이_** 그네뛰기, 강강수월래, 씨름 사진들
활동목표	• 명절에 주로 하는 놀이에 대해 설명할 수 있다. • 꽹과리, 징, 장구, 북 등 농악놀이에 사용하던 악기들을 블라인드 방법으로 꾸밀 수 있다.
난 이 도	상　**중**　하
지도방법	1 농악놀이에 사용하는 악기들에 대해 알아본다. 2 농악놀이는 언제 하는지, 언제부터 유래되었는지 이야기한다. 3 압축스폰지를 핑킹가위로 자른다. 4 흑지에 농악하는 모습을 연필로 그린다. 5 오려서 고체풀을 이용하여 스폰지에 붙인다. 6 끈을 연결해서 블라인드를 만든다.
제작시 유의사항	• 블라인드 방식은 종이를 접은 후 양쪽 끝을 연결한 것으로 실은 한 개를 길게 해서 좌측, 우측 끝과 위 아래 까지 연결해서 묶어 주는 방식이다. 이 방식은 첫 번째 종이가 표지가 됨을 주지시킨다. 응용으로는 양 끝을 따로 끈을 달아 줄 수 있고, 접을 때에는 양쪽 끝의 끈을 잡아당겨 주도록 한다.
평가관점	1 블라인드 방식은 블라인드 연결 부분이 잘 되었는지, 잘 접혔다 펴지는지 확인한다. 2 블라인드 방식은 첫 번째 페이지가 커버 부분이 되므로 제목이 잘 들어갔고, 내용 연결은 자연스러운지 확인한다.
참고자료	• 복주머니랑 그네랑 신나는 명절이야기(해와 나무) • 신나는 12달 명절이야기(중앙 M&B)

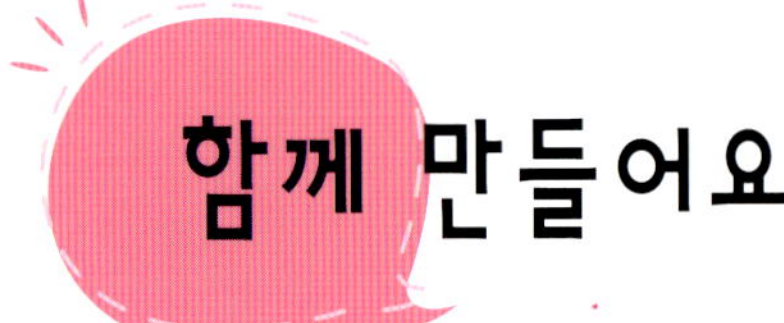

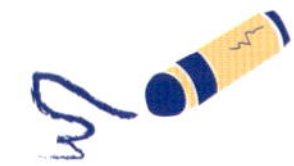

1.

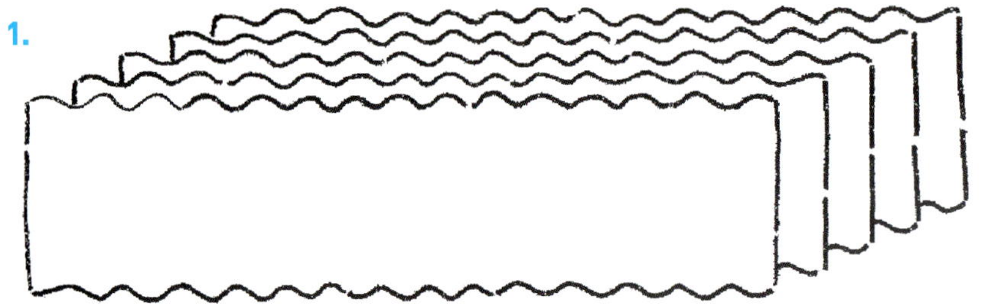

2.

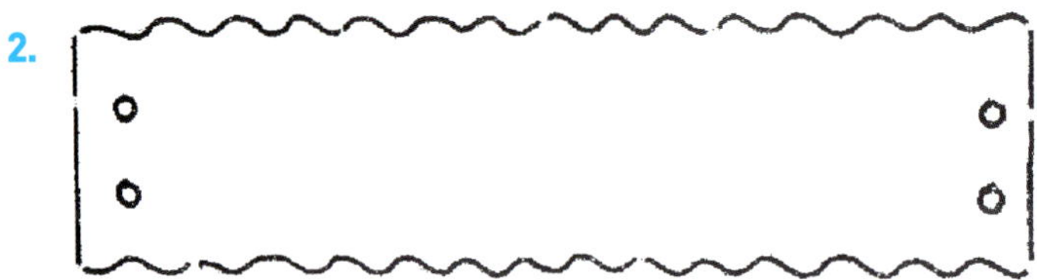

구멍을 뚫을 때는 일정한 간격으로 뚫어야 예쁜
블라인드가 완성된다.

3.

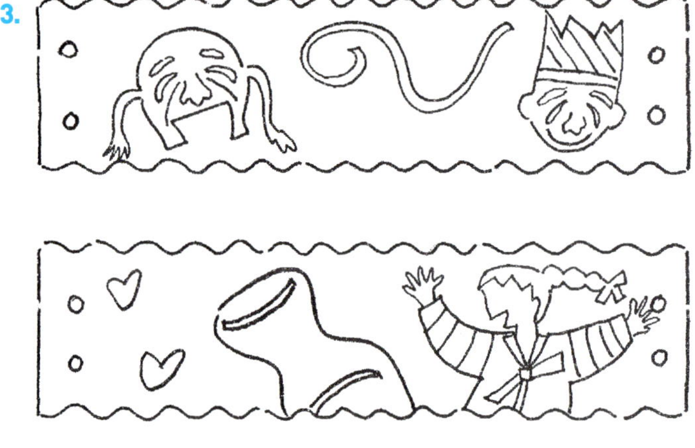

칸마다 예쁜 그림을 그려준다.

4.

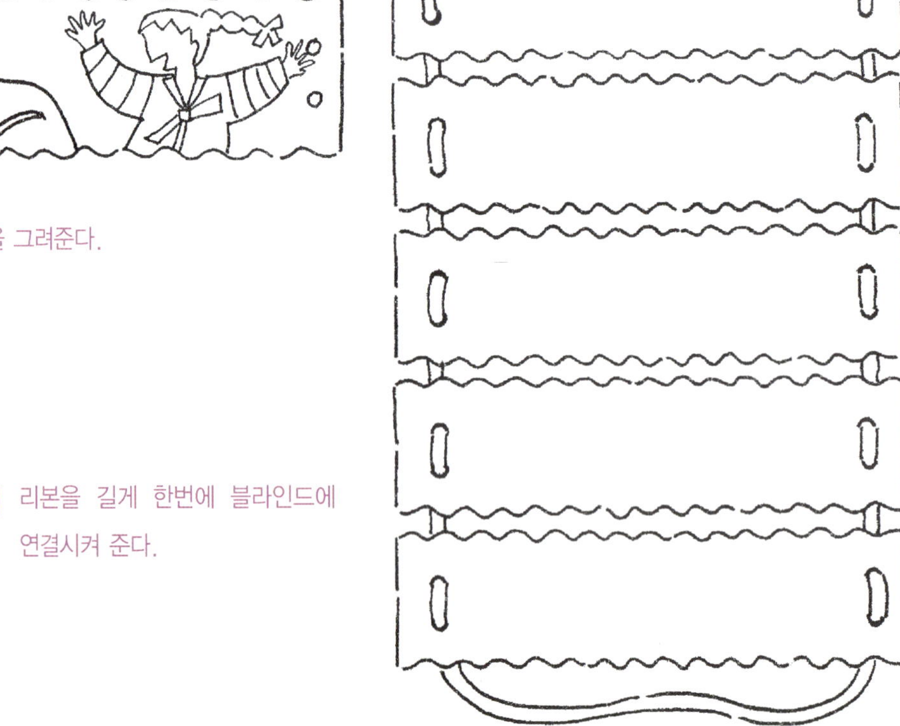

리본을 길게 한번에 블라인드에
연결시켜 준다.

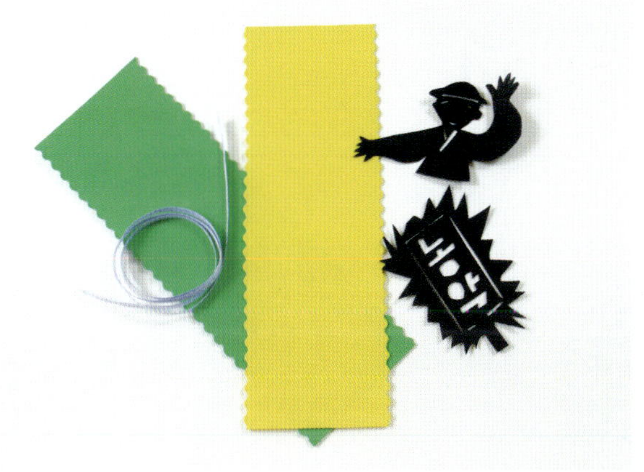

1. 그림과 같이 색깔있는 압축스폰지와 리본, 장식할 이미지를 준비한다.

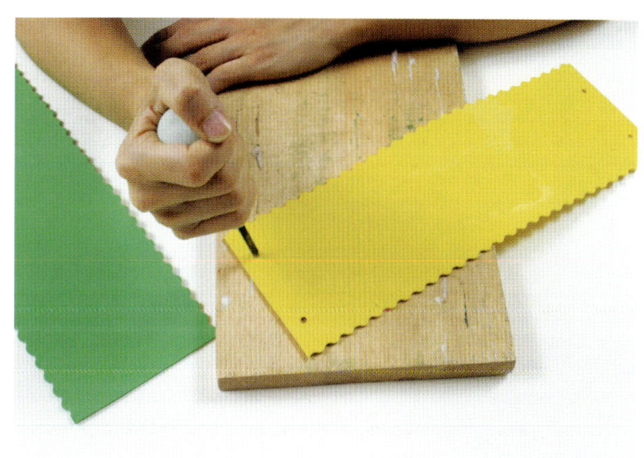

2. 압축스폰지를 리본이 들어갈 수 있게 양끝에 일정한 간격으로 구멍을 뚫어 준다.

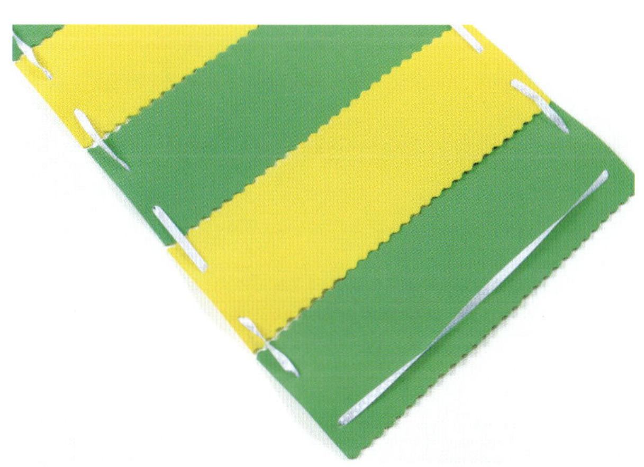

3. 그림처럼 리본을 압축스폰지에 서로 연결한다.

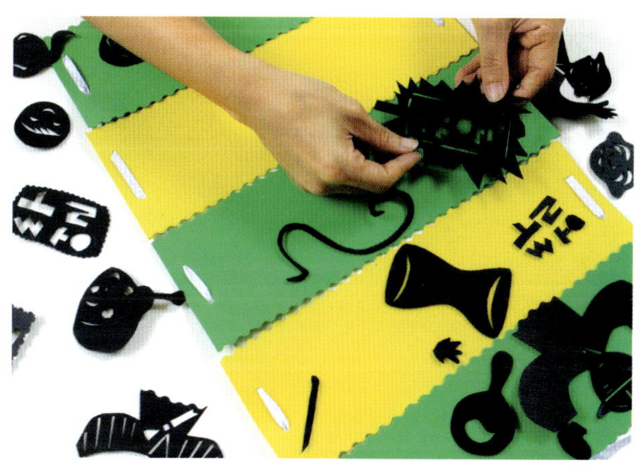

4. 연결한 압축스폰지에 준비한 이미지를 붙여 준다.

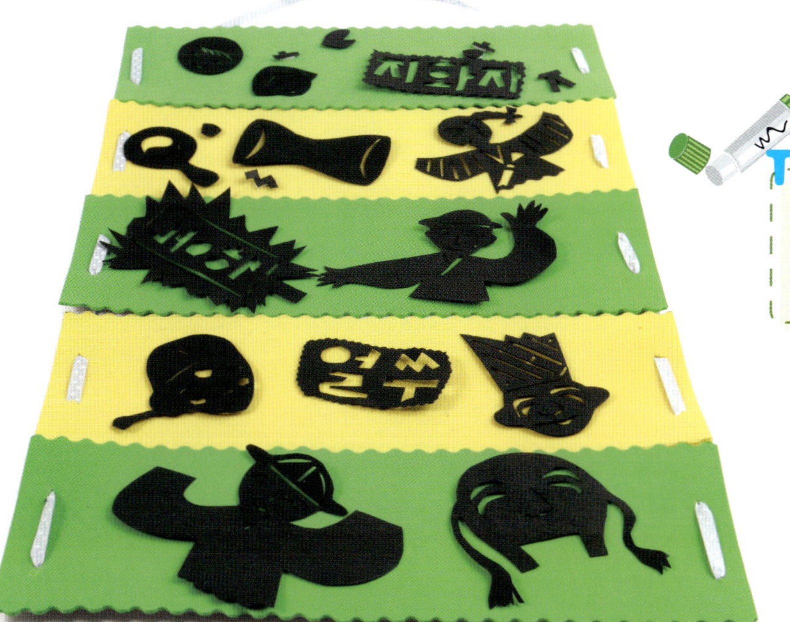

Tip

끈은 약간 두툼한 털실 종류를 사용한다. 너무 얇은 실을 이용할 경우, 당기면 실이 끊어질 수도 있으니 유의한다.

응용해 보세요

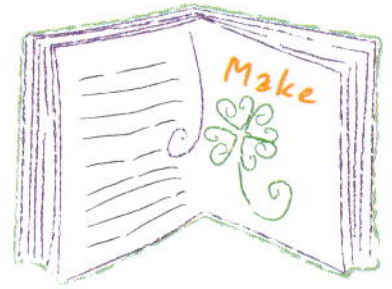

디 - 워

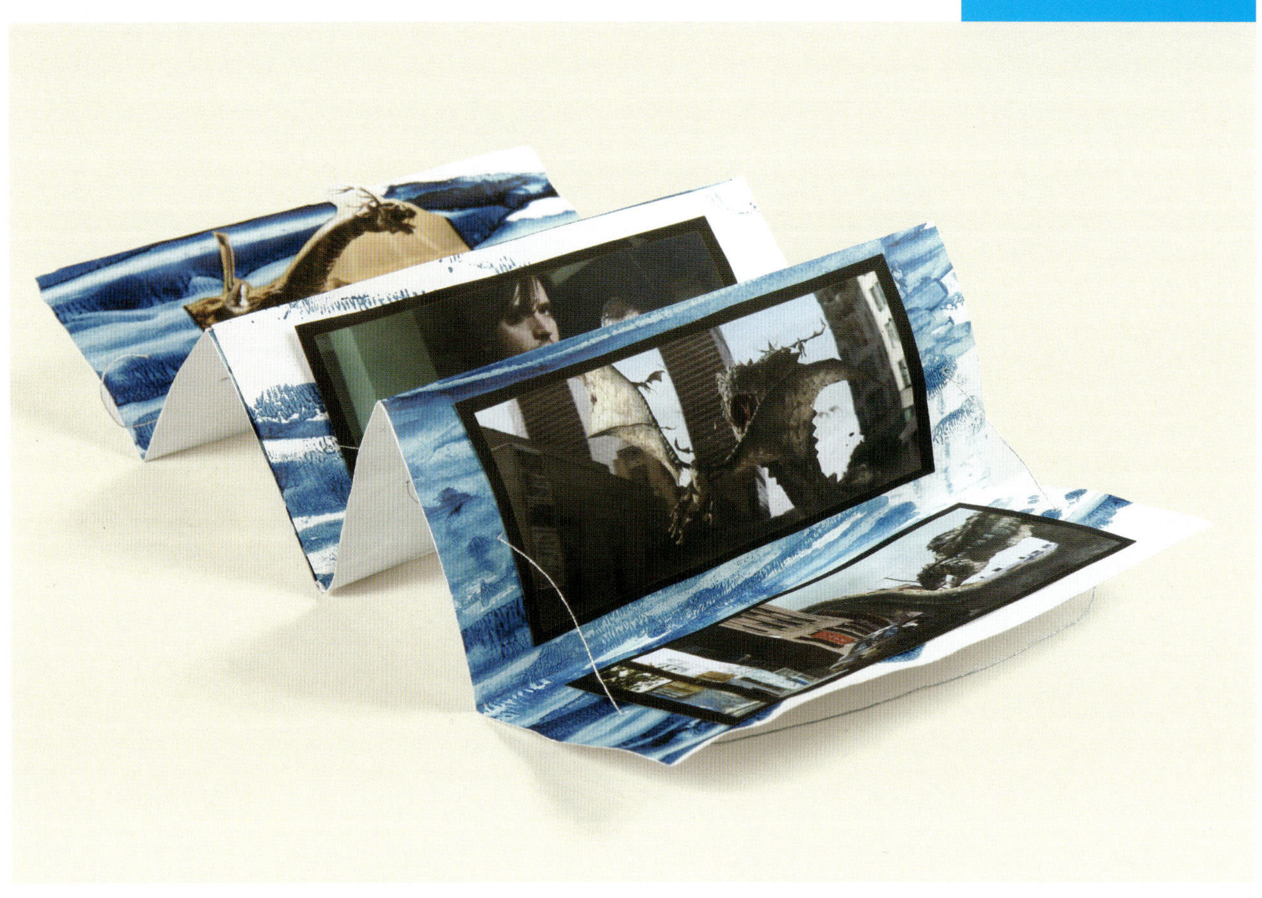

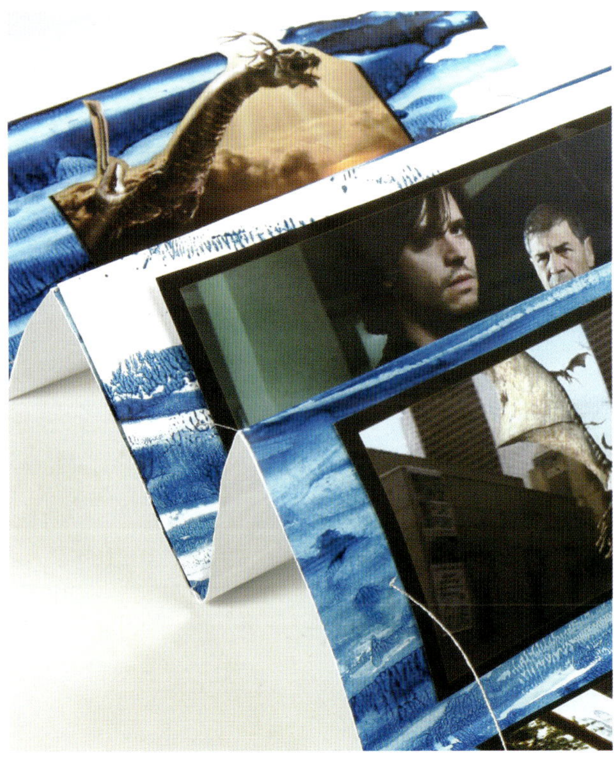

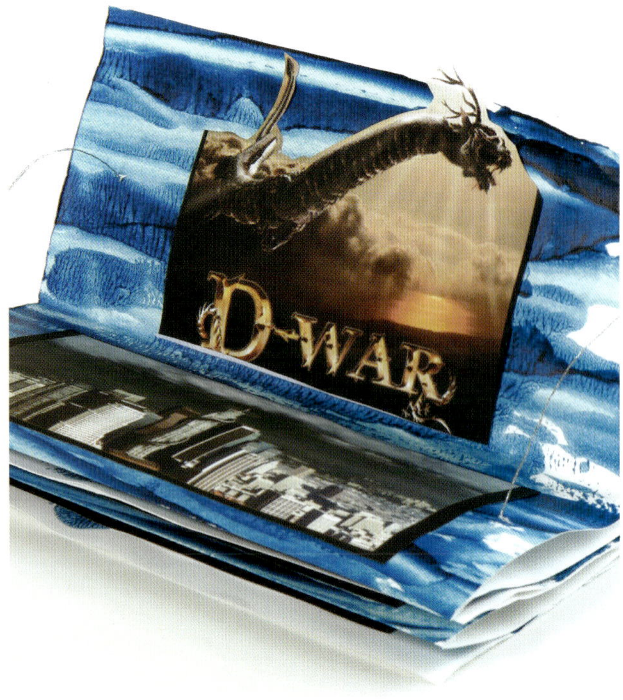

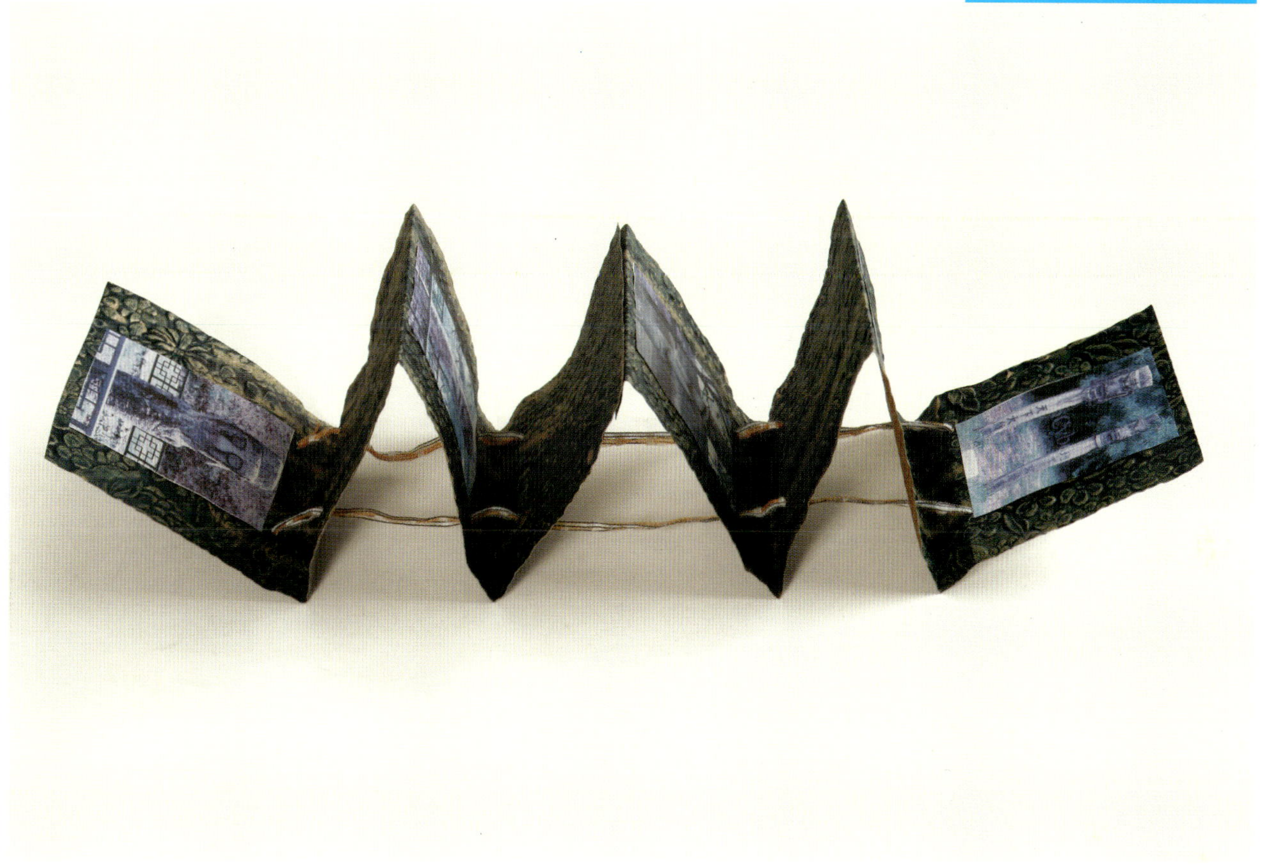

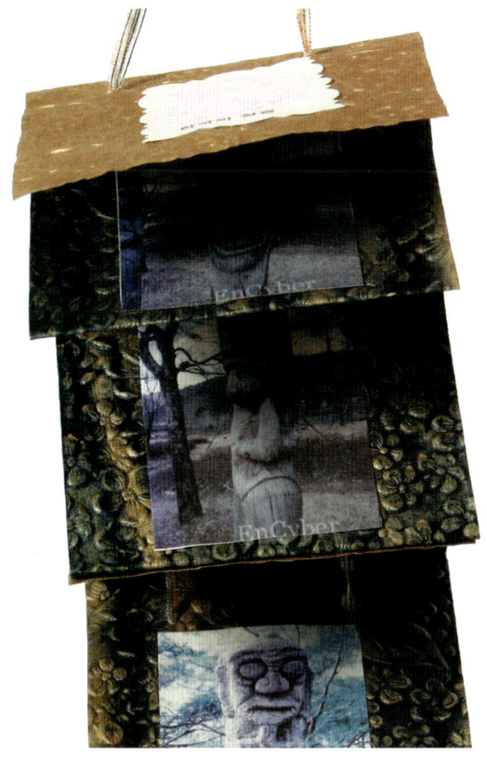

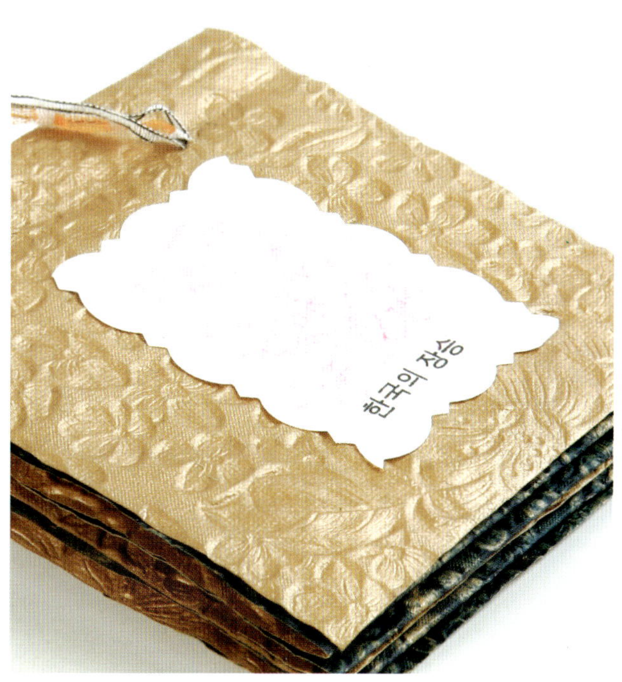

06 | 스타터널

Making books for Children

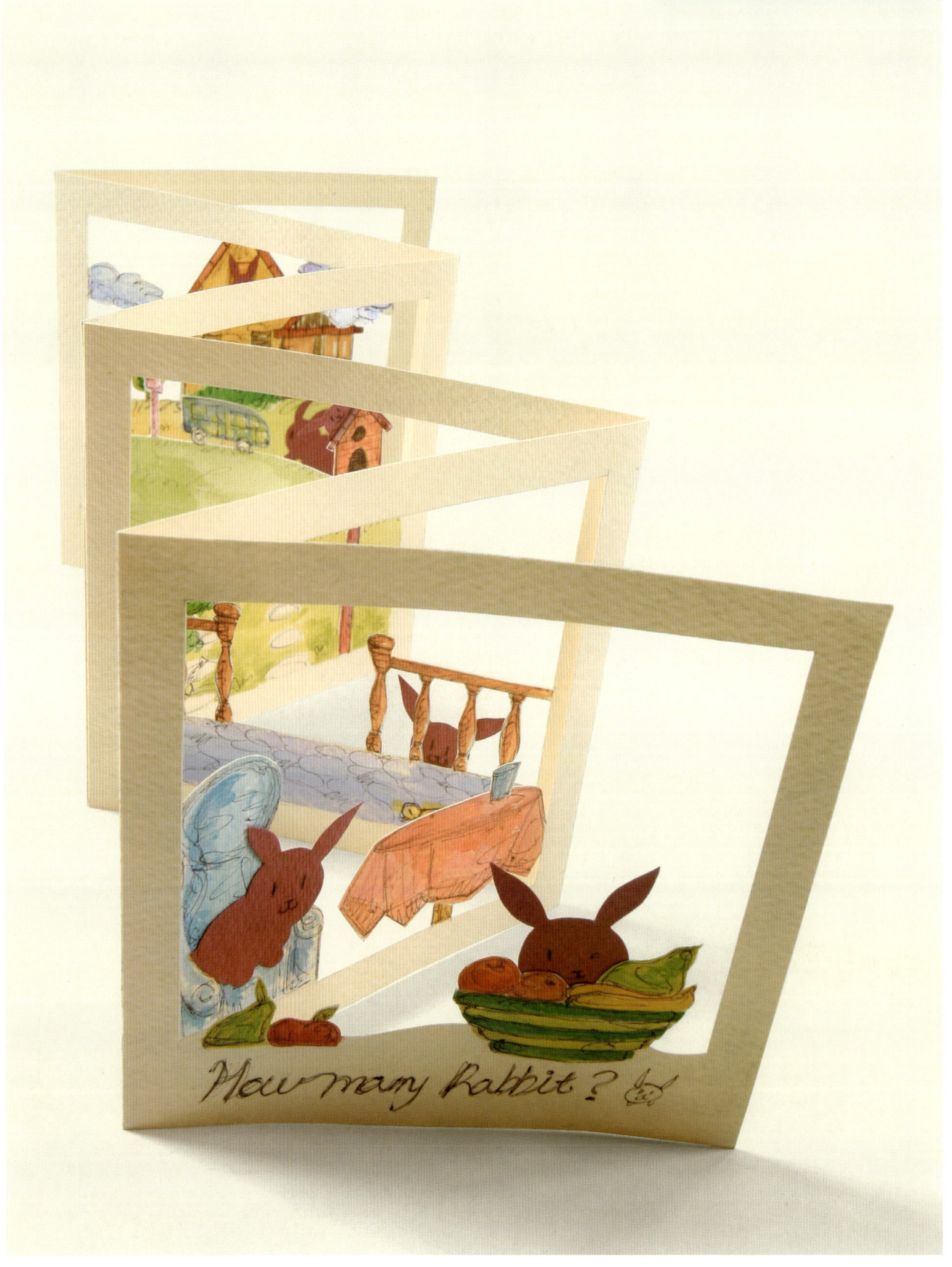

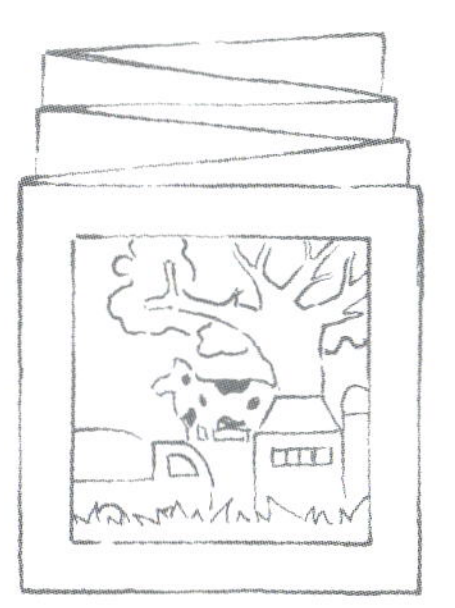

기본구조	• **스타터널_** 스타터널 방식은 지그재그 8면 접기 방식의 각 면에 구멍을 뚫어 이미지를 붙여 주는 방식의 구조이다. 이 구조의 특징은 위에서 내려다 본 모양이 별의 형태처럼 생겼다고 해서 '스타 터널' 방식으로 '터널 방식' 처럼 원근법을 설명할 때 효과적이다.
주 제	• 토끼 이야기
준 비 물	고체풀, 가위, 자, 색도화지(12㎝ × 72㎝), 물감, 싸인펜, 칼 등
관련 및 도움말	• **토끼 이야기_** 동화책의 내용을 8장면으로 요약하여 내용을 넣어 본다. 그외에 좋아하는 동화책의 내용을 요약해서 이미지를 오려서 붙이면 된다. • **기르고 싶은 애완동물_** 강아지, 고양이, 햄스터, 거북이 등 우리 주변의 애완 동물들을 조사하고 그려서 그림만 오려서 터널 방식으로 만든다. • **양치기 소년_** 이솝 우화에서 기억에 남는 여섯 장면을 검정 종이에 이미지만 만들어 차례대로 붙여 본다.
활동목표	• 물체가 크고 작게 보이는 원근감이란 무엇인지 설명할 수 있다. • 근경, 중경, 원경의 차이점과 물체 배열에 대해 스타터널 방식을 통해 제작을 할 수 있다.
난 이 도	상 **중** 하
지도방법	1 가장 좋아하는 동화책을 정한다. 2 혹은 가장 기억에 남는 가장 좋아하는 한 장면을 정한다. 3 주요 인물, 배경 등을 동화책을 보고 그린다. 4 색깔을 칠하고 오린다. 5 6면 접기를 한 후, 사방 2cm 안쪽으로 6면 모두 잘라 준다. 6 앞쪽 페이지에는 이미지를 낮게 배치하고, 중간에는 중간높이로, 뒤쪽에는 이미지를 높게 배치해서 서로 잘 보이도록 한다.
제작시 유의사항	• 원근법을 공부할 때 가장 효과적으로 이용할 수 있는 방법으로 사이즈는 크고 작게 할 수 있다. 그리고 지그재그로 접은 후 둥글게 또는 반원으로 잘라서 스타터널 방식을 만들 경우도 재미있는 구성이 될 수 있다.
평가관점	1 스타터널 방법은 페이지에 이미지를 뒤집어 붙이는 예가 많으니 확인한다. 2 앞의 이미지는 낮고, 뒤로 갈수록 이미지를 높게 붙여 골고루 잘 보이는지 확인한다.
참고자료	• 애완동물 도감 (진선출판사)_ 곤충, 새, 물고기 등 • 애완동물 기르기(대원사)_ 생태와 서식 환경, 먹이, 번식, 질병 등 관련자료

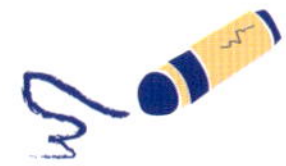

함께 만들어요

1.

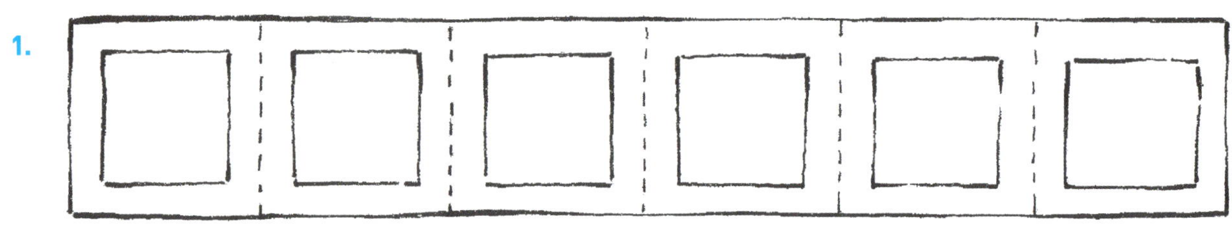

⬆ 같은 위치에, 같은 크기로 네모를 잘라주세요.

2.

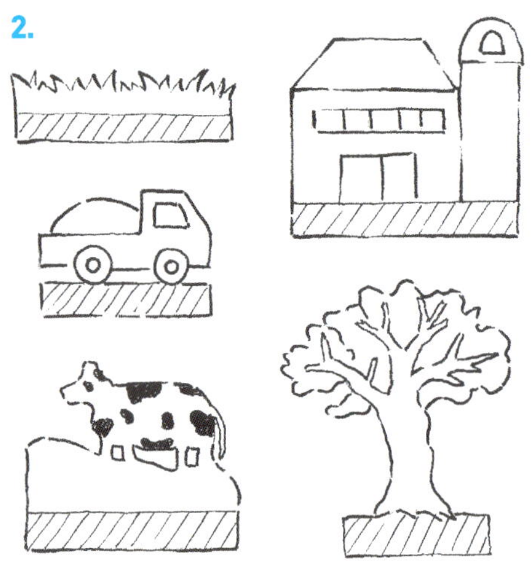

3.

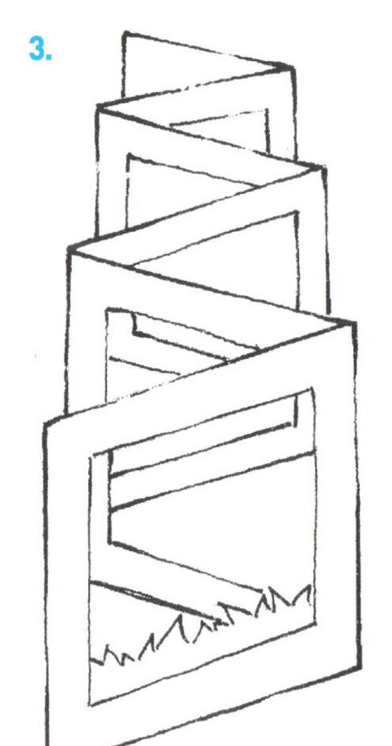

▶ 장식을 붙일 때는 원근감이 나타나게 큰 이미지는 뒤에, 작은 이미지는 앞에 붙인다.

4.

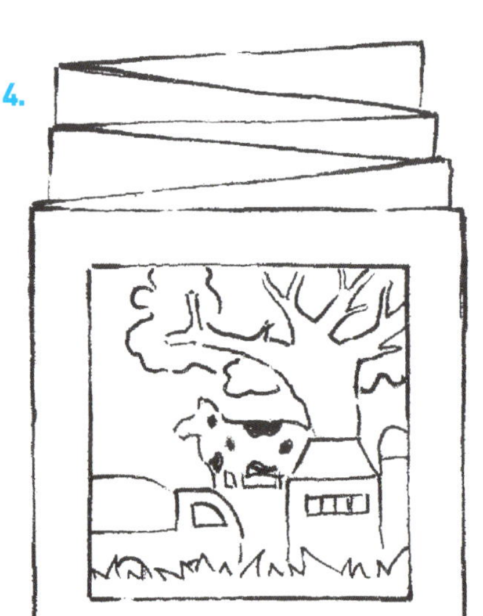

Tip

앞쪽은 위치와 사물을 낮게 배치하고, 중간 부분은 중간 높이로, 뒷부분은 높게 배치해야 전체적으로 잘 보인다.

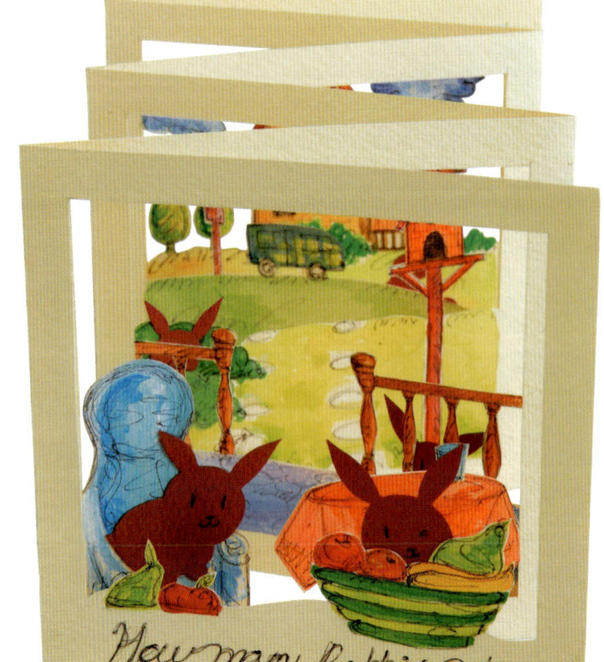

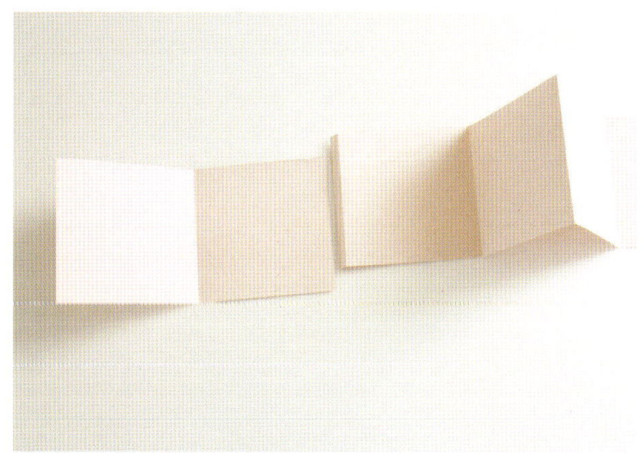

1. 6면 접기로 종이를 준비한다.

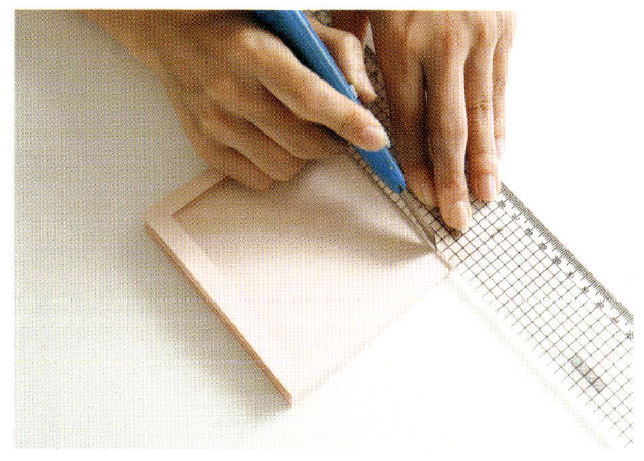

2. 그림과 같이 일정한 간격으로 조심스럽게 구멍을 뚫어 준다.

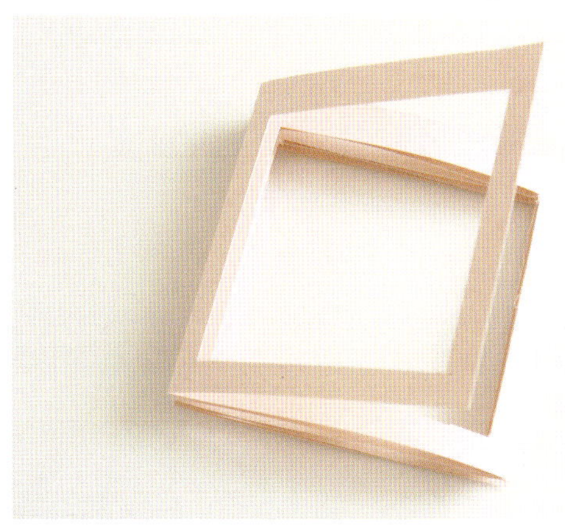

3. 구멍을 뚫을 때는 테두리가 너무 얇지 않게 한다.

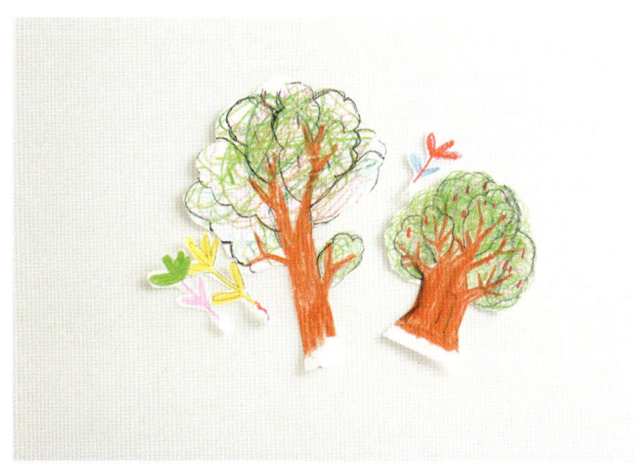

4. 장식할 이미지를 다양한 크기로 준비한다.

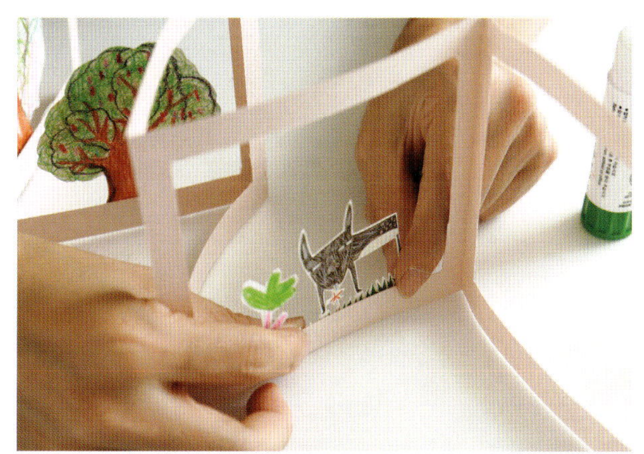

5. 이미지를 붙일 때는 그림 뒤쪽으로 붙여 준다.

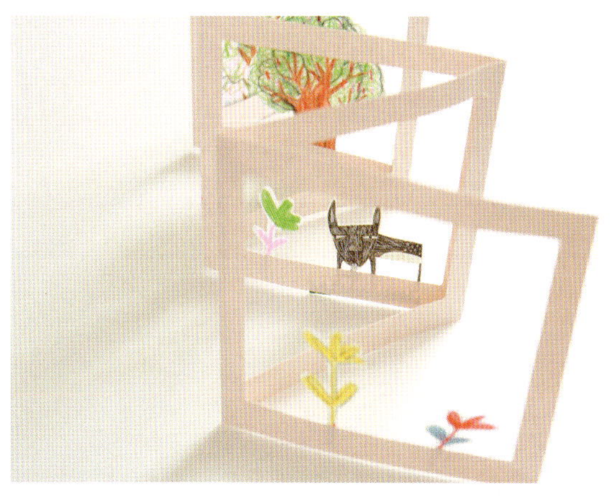

6. 완성

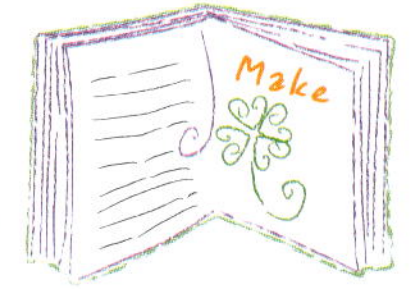

응용해 보세요

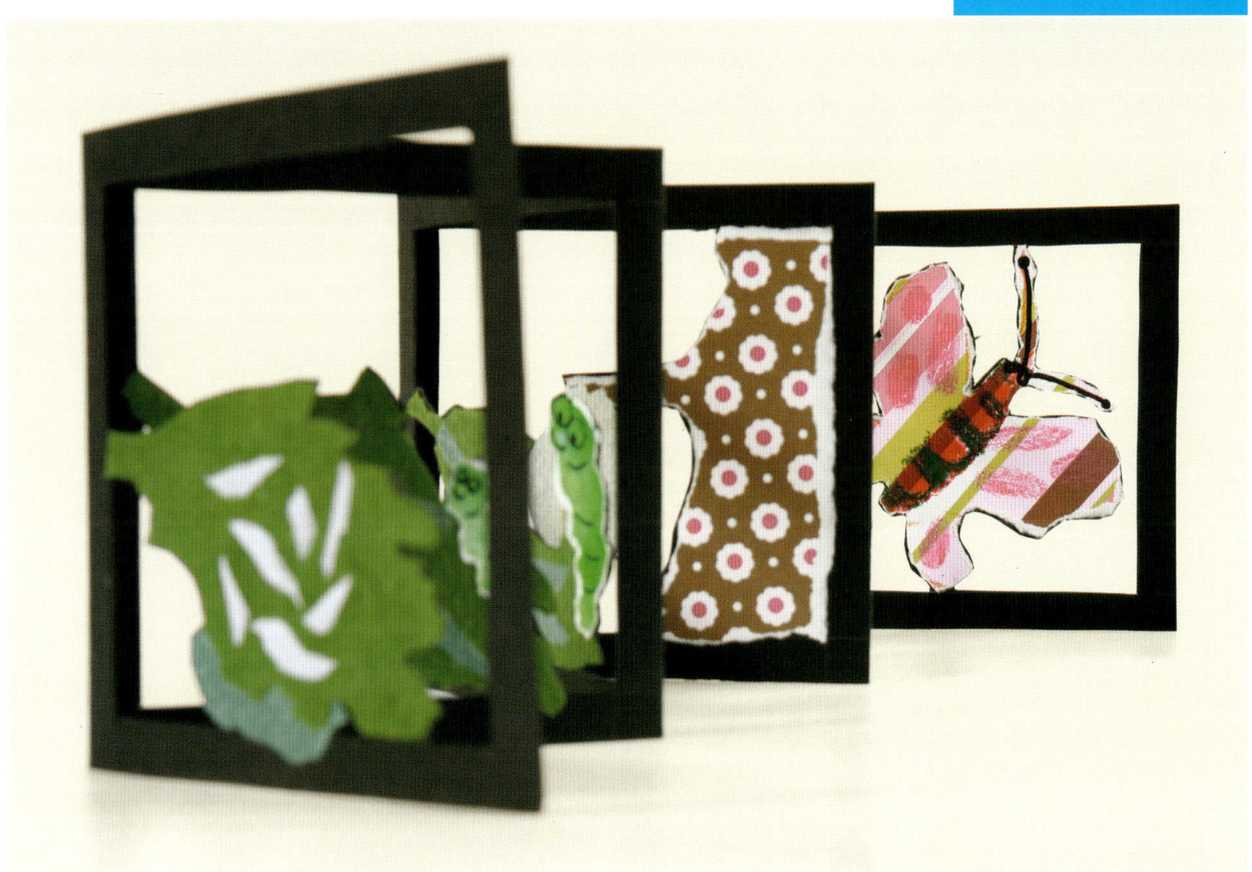

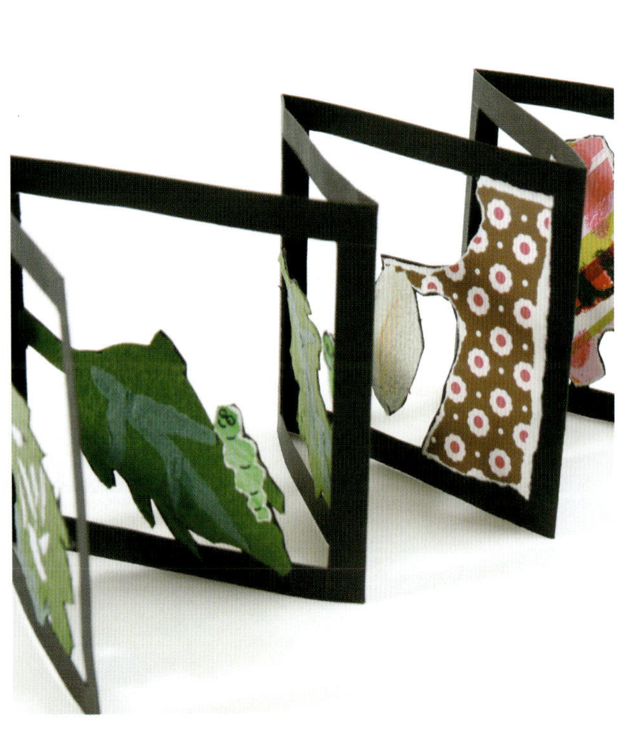

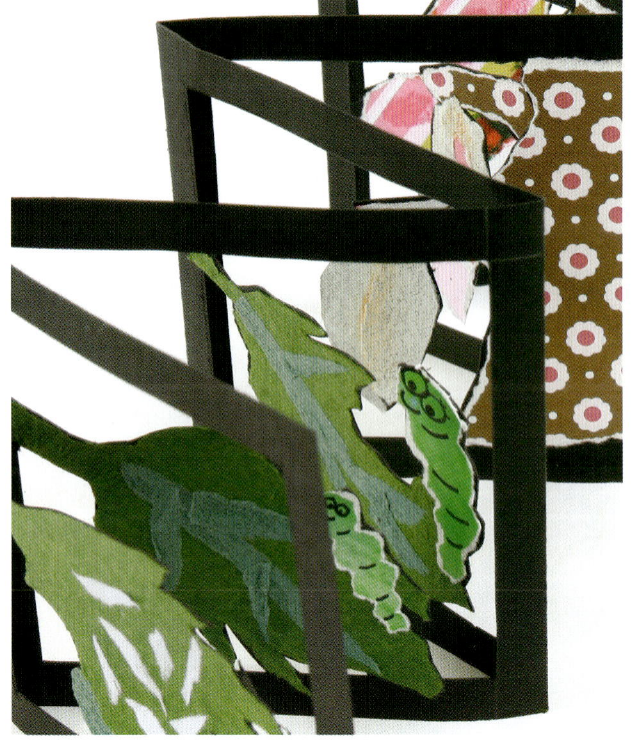

야 옹 이

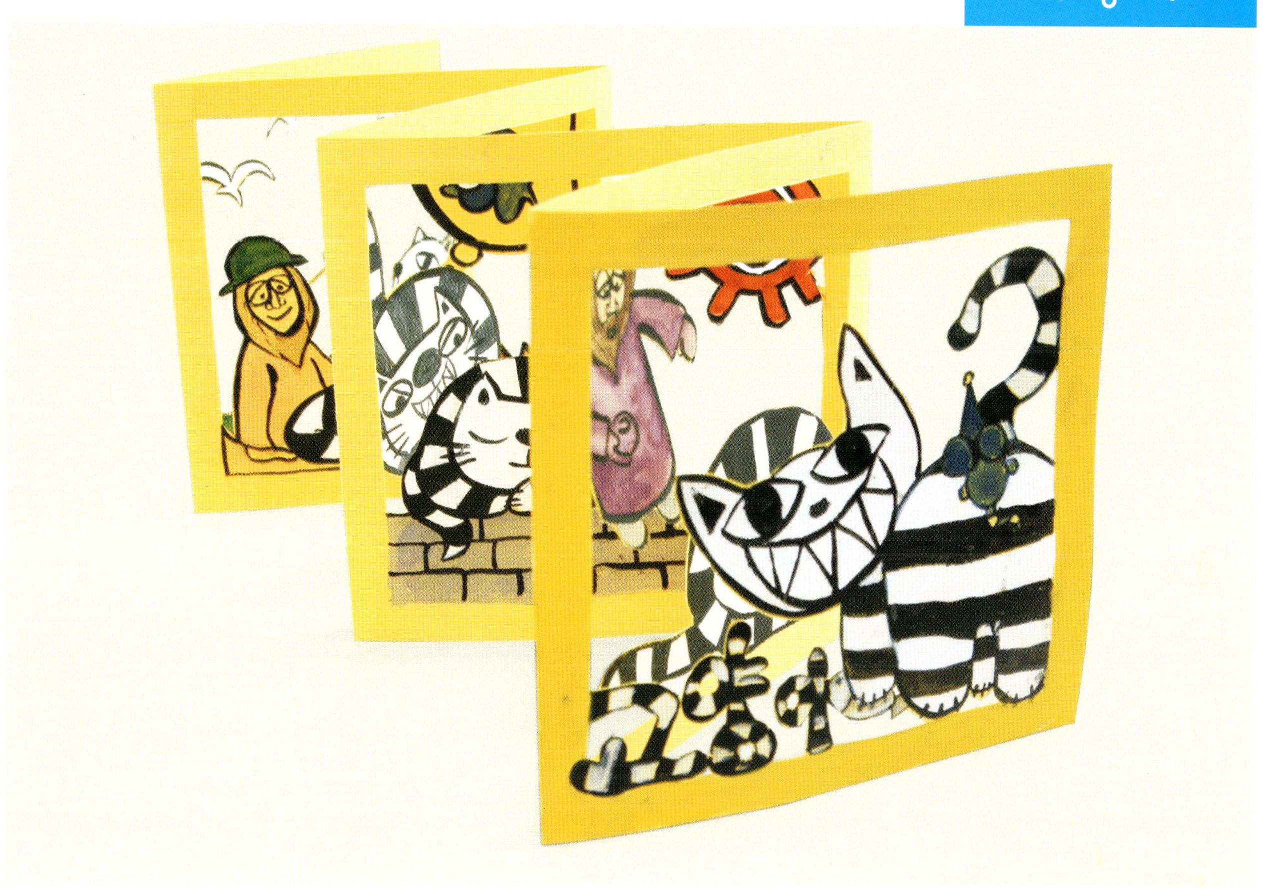

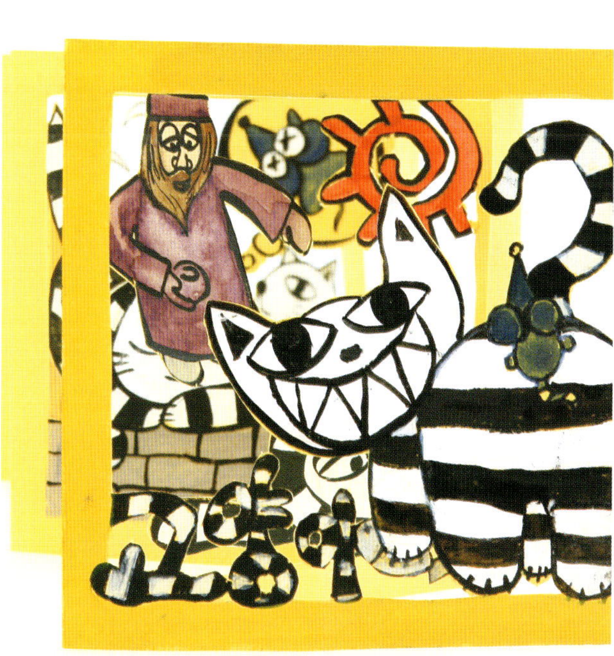

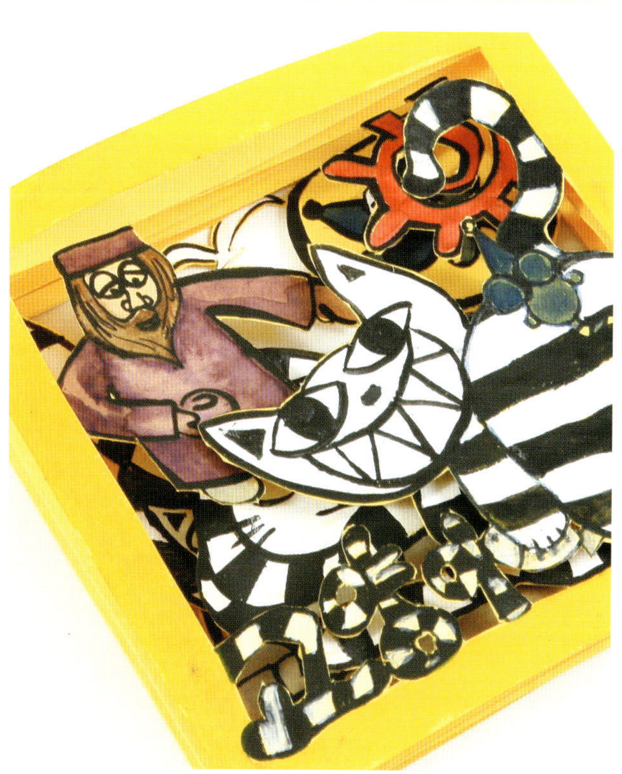

07 | 부채 방식

Making books for Children

내가 만든 부채

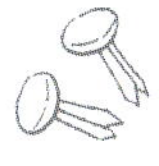

기본구조	• **부채 방식_** 부채 방식은 흔히 여름에 사용하는 부채 방식 그대로이지만, 여기에서는 대나무 댓살이 심지처럼 들어가 있지 않고, 아코디언처럼 촘촘히 접은 후 하단 부분을 묶어주는 방식이다.
주　제	• 내가 만든 부채
준 비 물	고체풀, 가위, 자, 색도화지(50㎝×30㎝), 화선지, 할핀, 물감, 색연필, 스티커 등
관련 및 도움말	• **내가 만든 포장지를 이용한 부채_** 화선지에 동양화 물감 또는 수채화 물감으로 일정한 규칙적인 패턴을 그려 예쁜 포장지를 만든다. 그 종이를 이용해 선물 포장도 할 수 있지만, 예쁜 부채를 만들어 사용한다. • **나비 박사 석주명_** 우리가 알고 있는 여러 가지 위인 중 한 명을 선택하여 부채 방식의 책으로 만들어 본다. 부채 방식은 한 장의 종이에 그리고, 글씨를 쓴 다음에 접는 방식이므로 기억에 남는 한 장면만 표현한다.
활동목표	• 다양한 포장지의 종류와 기능에 대해 안다. • 다양한 패턴의 포장지를 가지고 서로 비교하여 부채방식에 응용할 수 있다.
난 이 도	상　**중**　하
지도방법	1 물기가 잘 스며드는 화선지를 택해 포장지 패턴을 스케치한다. 2 동양화 붓이나 수채화 붓을 이용한 번지기 효과와 다양한 색깔의 물감으로 패턴을 그린다. 3 패턴은 반복적으로 그리고 중간 중간에 작은 패턴도 넣어 준다. 4 색상지에 붙이고 10면 접기로 접은 후 하단에 할핀을 꽂아 준다.
제작시 유의사항	• 이 방식은 간격을 촘촘히 10면 또는 12면으로 지그재그 접기를 한 후, 하단 끝 부분에 할핀으로 고정시켜 만드는 간단한 부채방식으로 다 만든 후 놀이에 활용할 수 있다. 한 장의 긴 종이를 접어 책 만들기를 하는 방법이므로 접기 전에 10면으로 접을 지, 12면으로 접을지 계산을 한 후 접는다.
평가관점	1 어느 위치에 글을 써 넣어야 할지 확인한다. 2 접히는 어느 부분에 글과 강조하고자 하는 그림을 효과적으로 표현하여 제작했는지 확인한다.
참고자료	• 호기심 과학백과 (동아 사이언스)

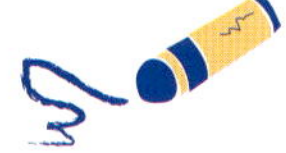

함께 만들어요

1.

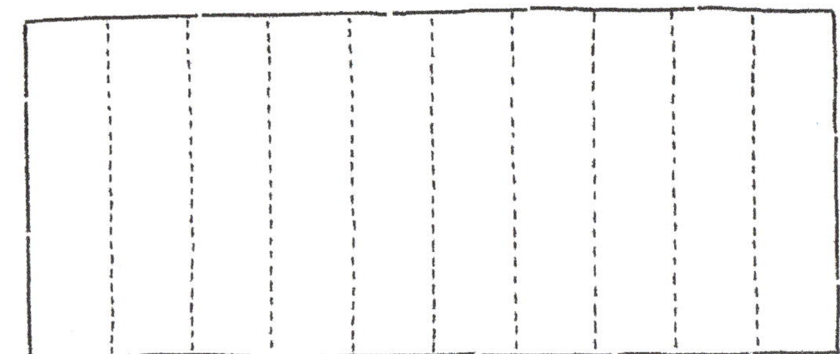

2.

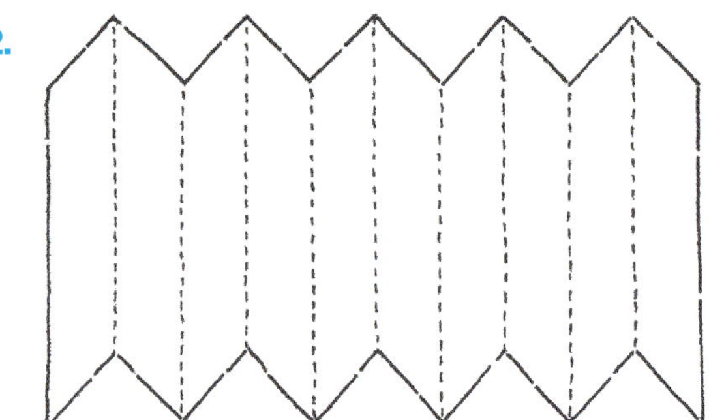

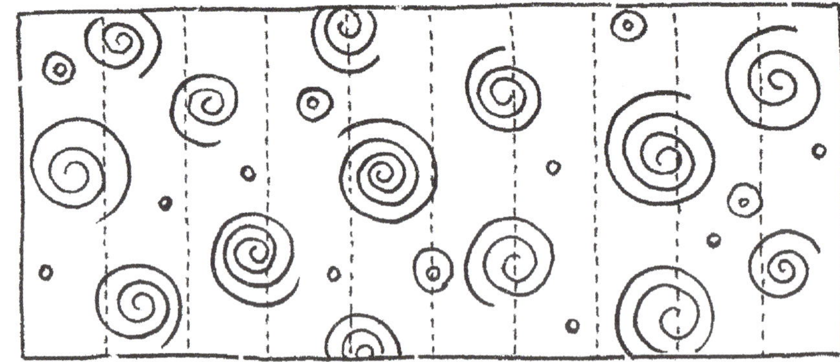

8면 접기 방식의 하나로 10면으로 접어 부채를 만드는 방식이다.

3.

4.

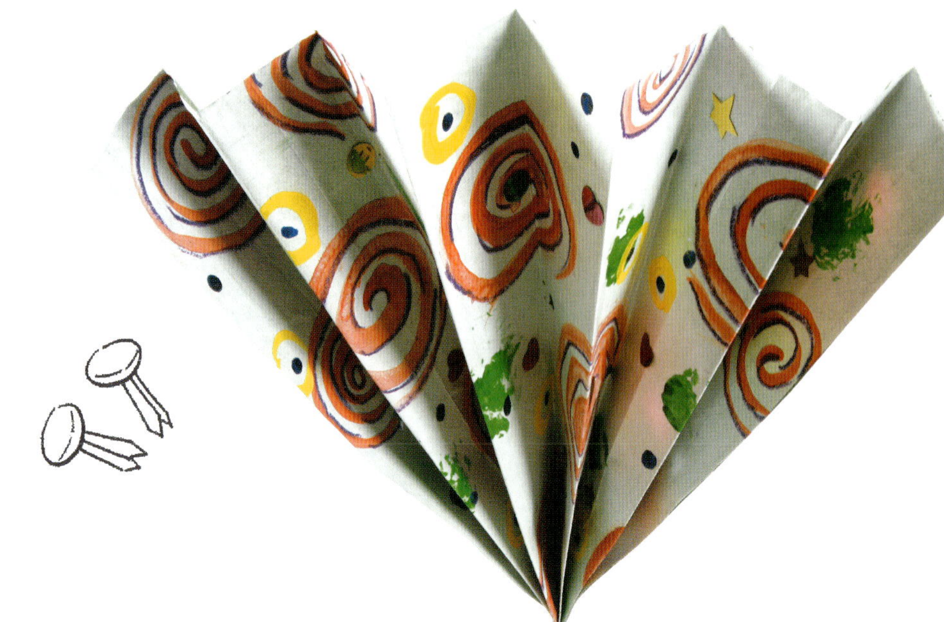

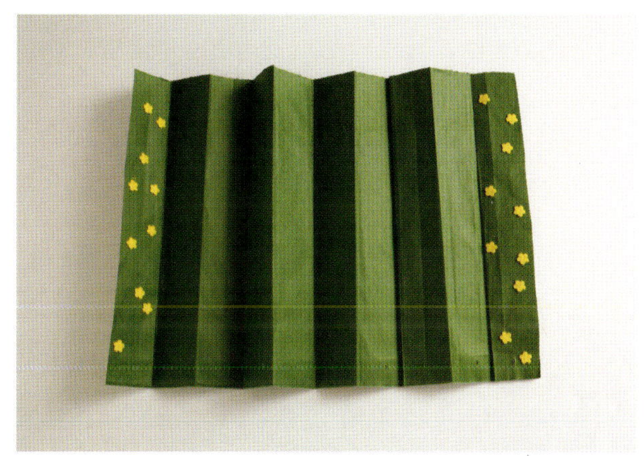

1. 10면은 그림과 같이 같이 접어준다.

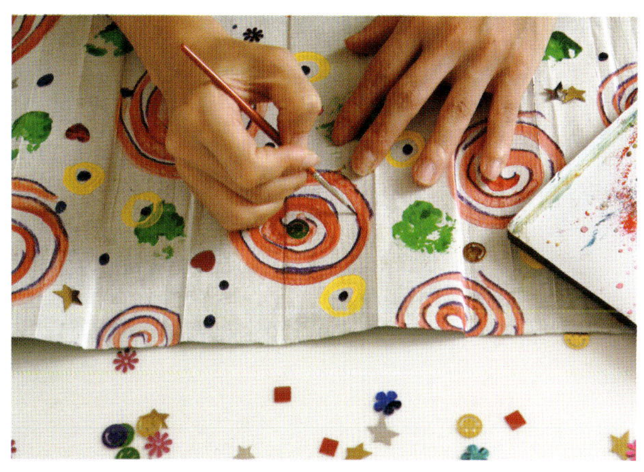

2. 안쪽 종이에 예쁜 그림을 그려 준다.

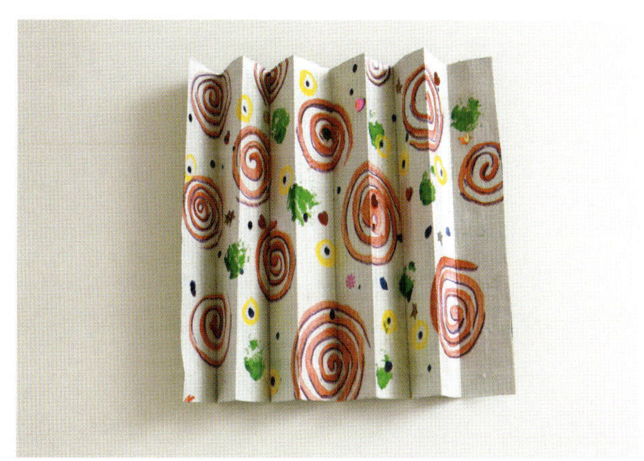

3. 안쪽과 바깥쪽을 붙여 잘 접어 준다.

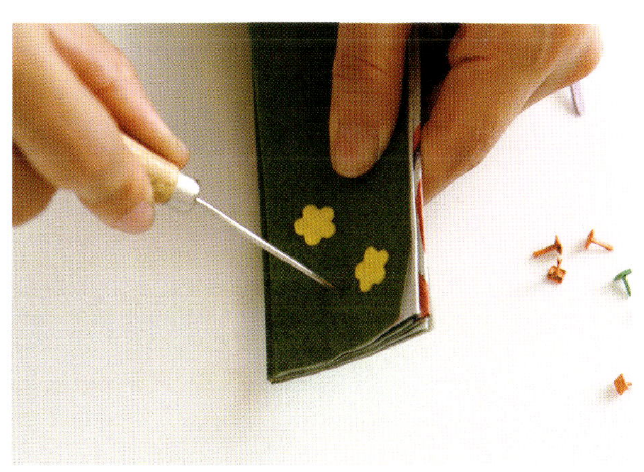

4. 접은 종이의 끝을 송곳으로 조심스럽게 뚫어 준다.

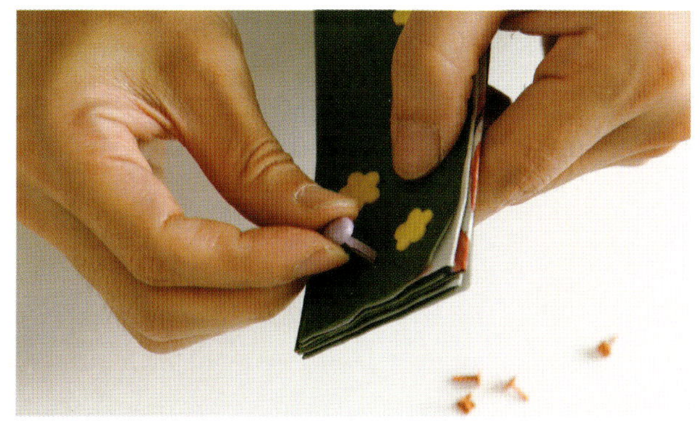

5. 뚫은 곳에 할핀을 이용하여 고정시켜 주면 부채가 완성된다.

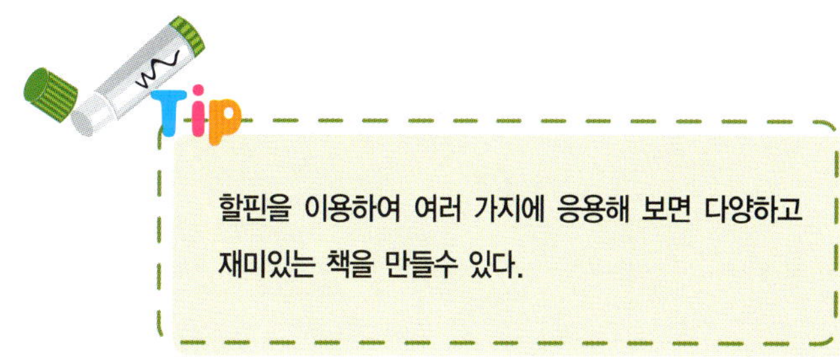

Tip

할핀을 이용하여 여러 가지에 응용해 보면 다양하고 재미있는 책을 만들수 있다.

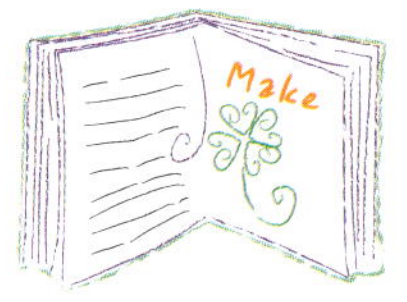

응용해 보세요

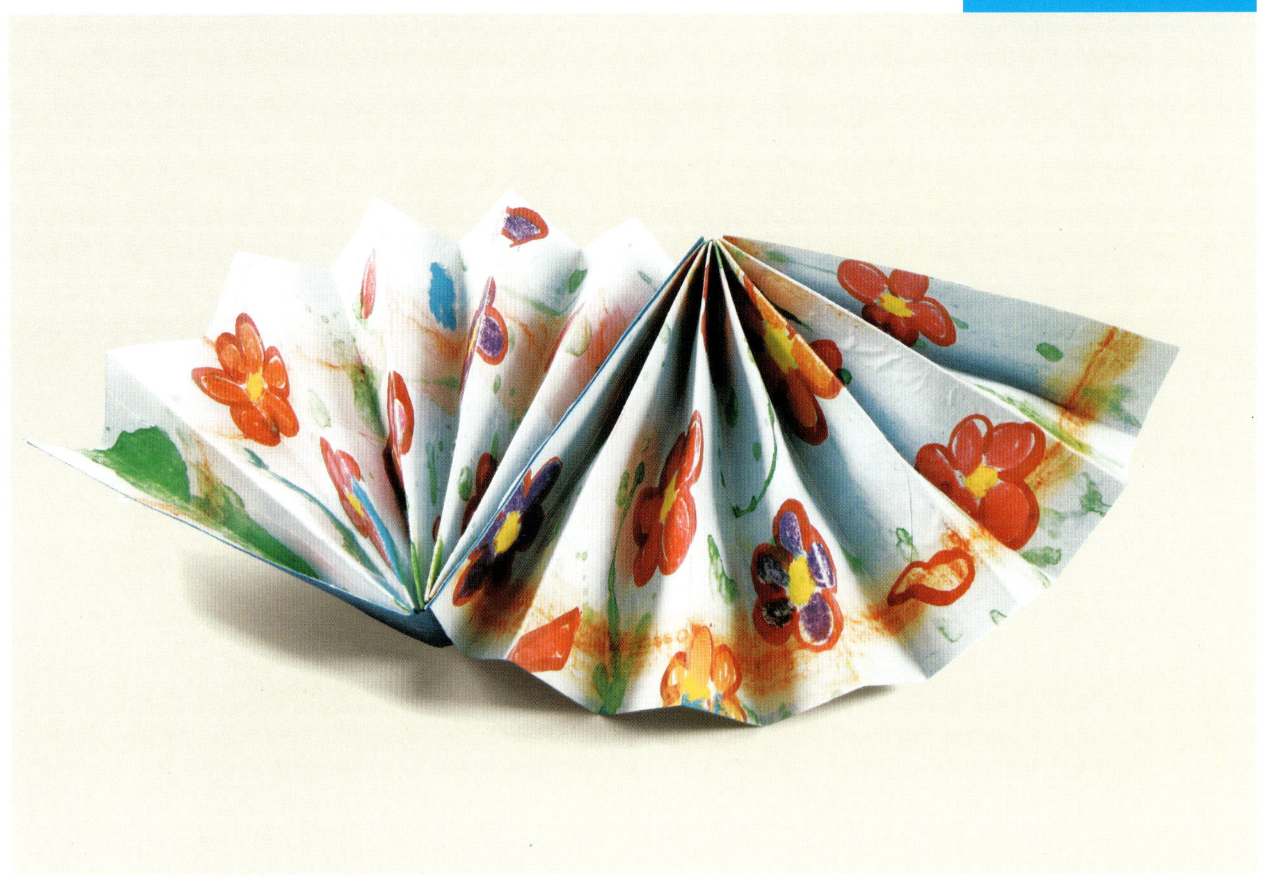

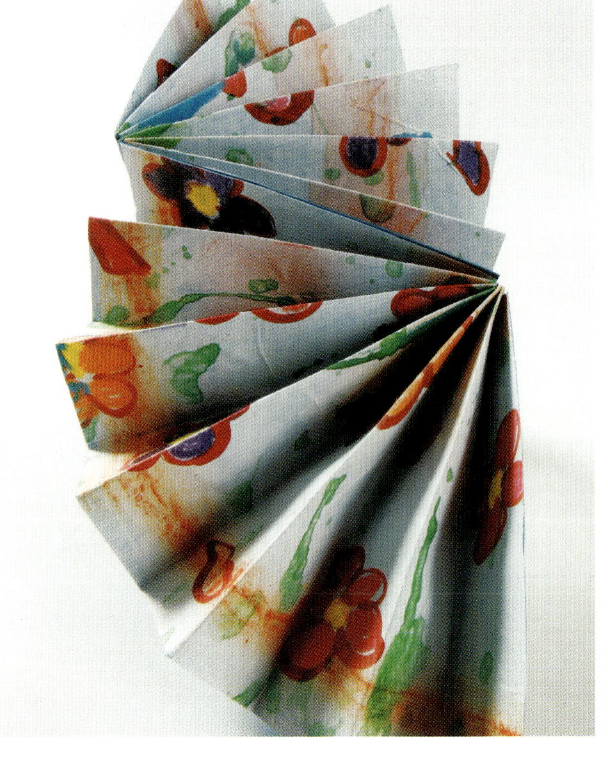

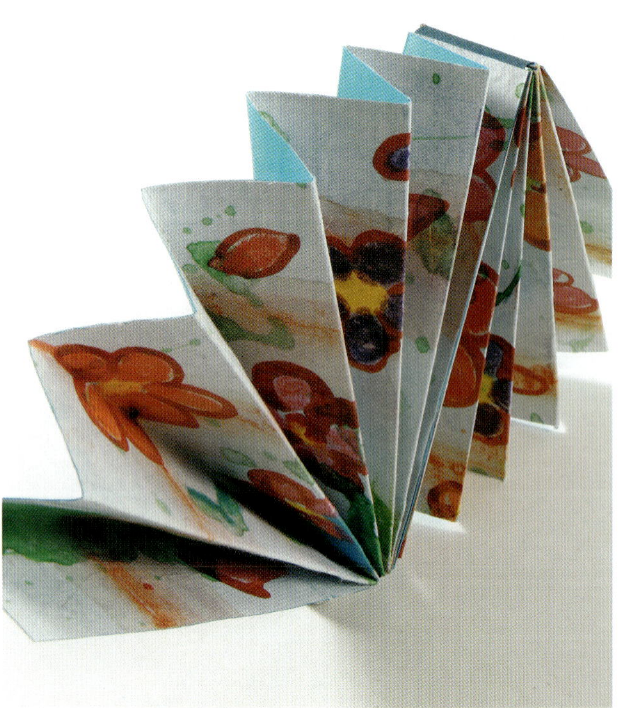

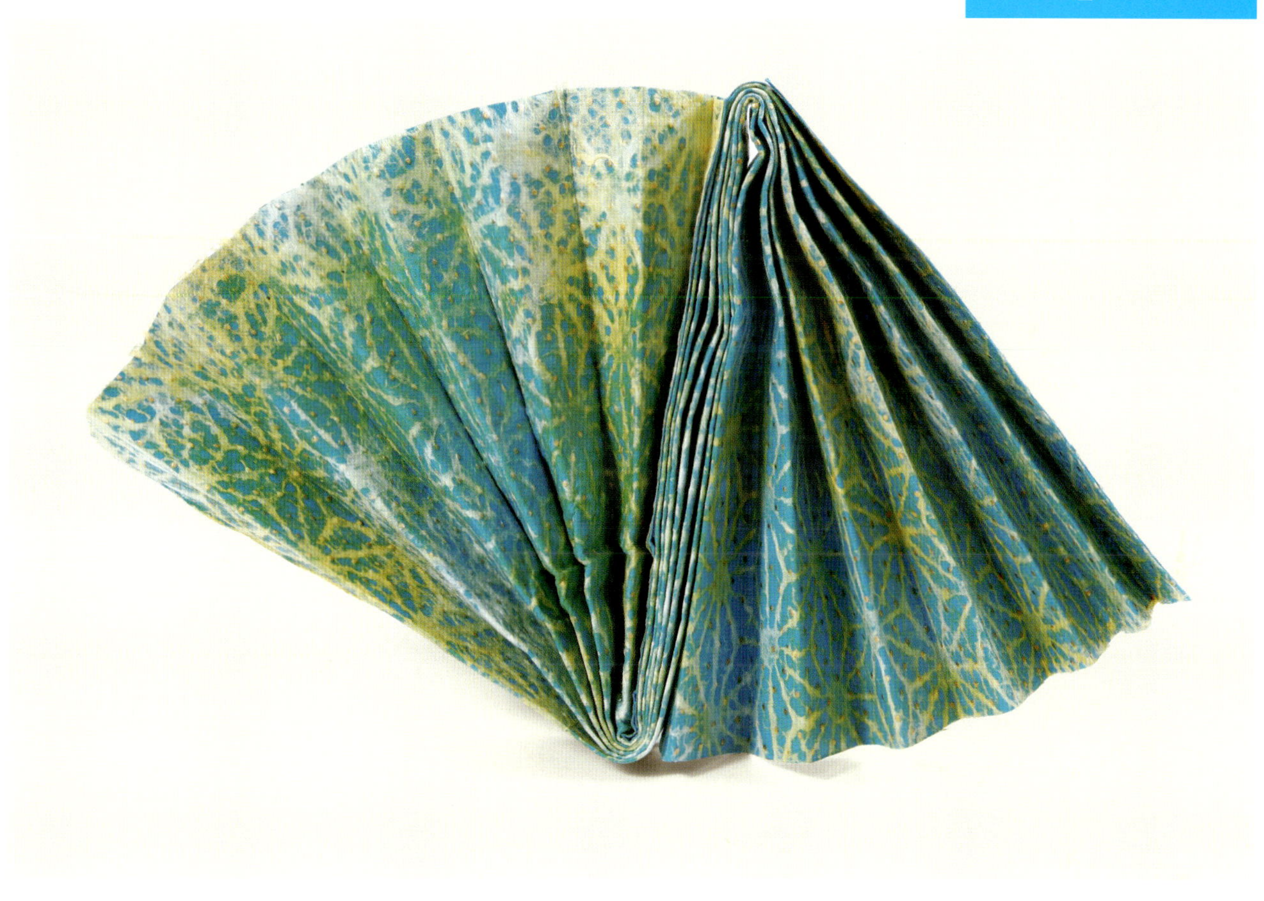

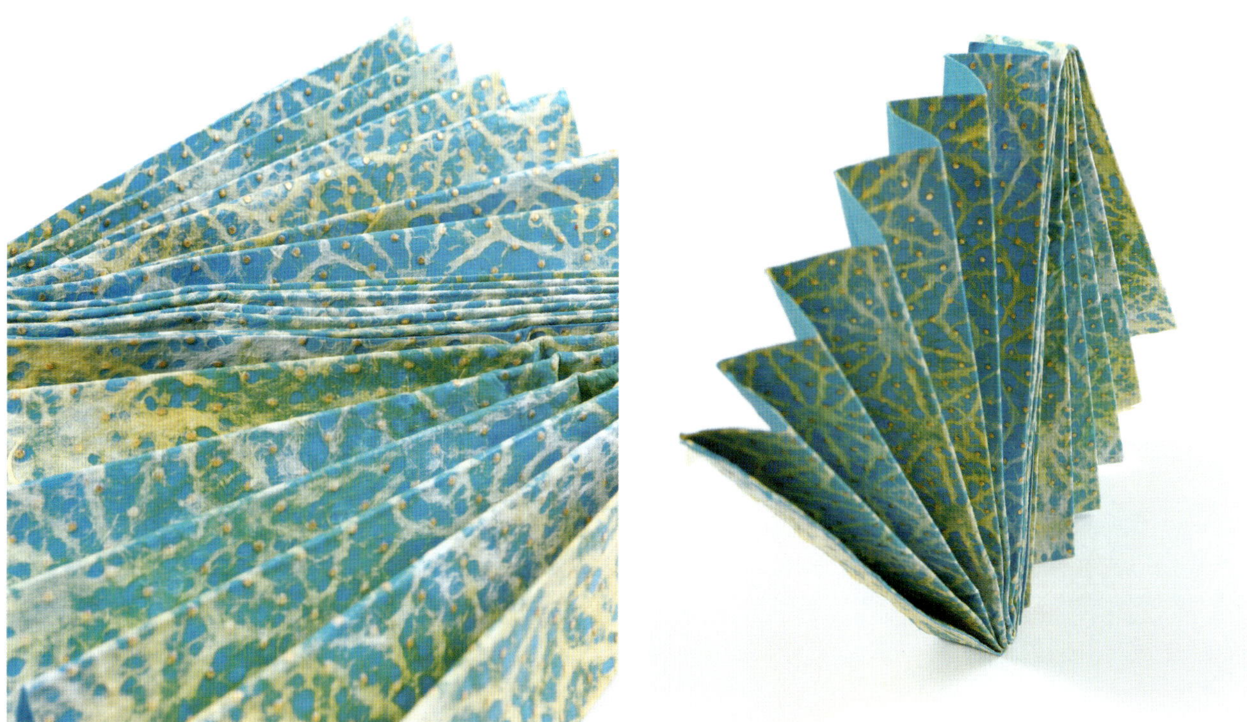

08 | 논(Plowe) 방식
Making books for Children

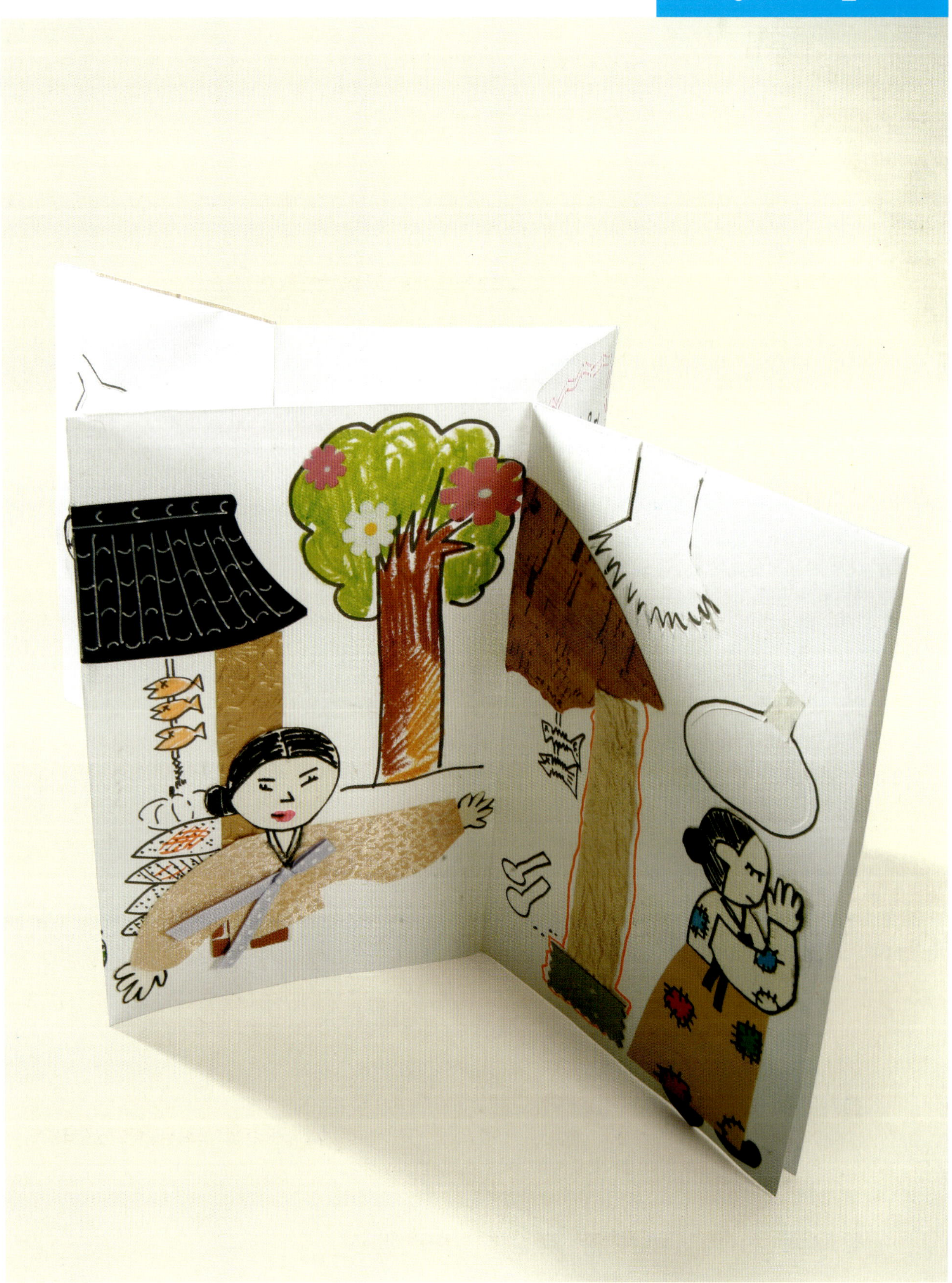

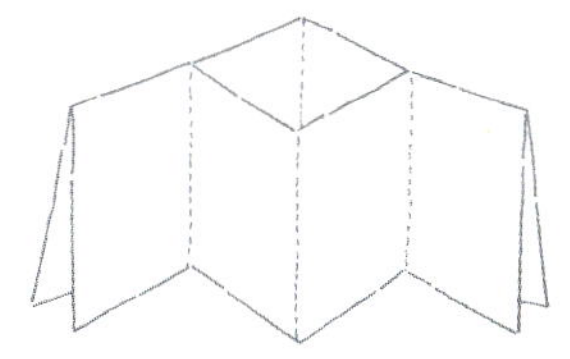

기본구조	• **논((Plows) 방식_** 하늘에서 바라본 모습이 논처럼 쪼깨어져 있다고 미국의 스콧 맥카니선생님이 이름을 붙인 논 방식이다. 이 방식으로 100여 가지 이상의 응용 방법들을 나올 수 있다.
주 제	• 흥부와 놀부
준 비 물	고체풀, 가위, 자, 색도화지(39 ㎝ × 54 ㎝), 싸인펜, 스티커 등
관련 및 도움말	• **흥부와 놀부_** 이미 알고 있는 '흥부와 놀부' 동화 이야기 중 기억에 남는 네 장면을 꼴라주 기법으로 천, 한지 등 다양한 재료와 사인펜을 이용해 그려 보고, 다른 두 페이지에는 책을 읽고 느낀 점을 써 본다. • **우리 나라의 축제_** 한국에는 '벗꽃 축제', '함평 나비축제', '여의도 벗꽃 축제' 등 다양한 축제와 행사가 전국적으로 500여개가 넘는다. 이러한 축제 중에서 가 본 곳을 내용으로 넣어 책 만들기를 해본다.
활동목표	• 다양한 논방식을 감상하고, 각각의 특징에 대해 안다. • 흥부와 놀부 중 기억에 남는 장면에 대해 이야기하고, 논 방식에 내용구성을 담아 꾸밀 수 있다.
난 이 도	상 **중** 하
지도방법	1 흥부와 놀부에 대해 줄거리를 이야기해 본다. 2 논 방식으로 접는다. 3 밑그림을 그린다 → 집에서 가지고 온 다양한 천을 붙이고 색을 칠한다. 4 줄거리를 쓰고 완성한다.
제작시 유의사항	• 논 방식은 수백여 가지의 응용방법이 나와 있고, 다양하게 응용이 가능하다. 이 방법의 특징은 한 장의 종이를 이용해 책 만들기를 간단하게 할 수 있다는 장점이 있고, 어느 부분을 접고, 자르냐에 따라 다양하게 만들 수 있다. 포스터 사이즈의 큰 한 장이 종이를 접어 만드므로 '포스터 접지' 방법이라고도 한다.
평가관점	1 정확한 위치에 칼집과 접지가 들어갔는지 확인한다. 2 펼쳐지고 닫혀지는 여러 면에 자유롭게 이미지를 넣을 수 있으므로 나름대로 상상력을 발휘하여 재미있게 표현되었는지 확인한다.
참고자료	• **축제로의 여행_** (성하출판) 축제여행안내서

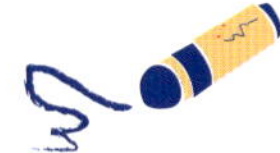

함께 만들어요

1.

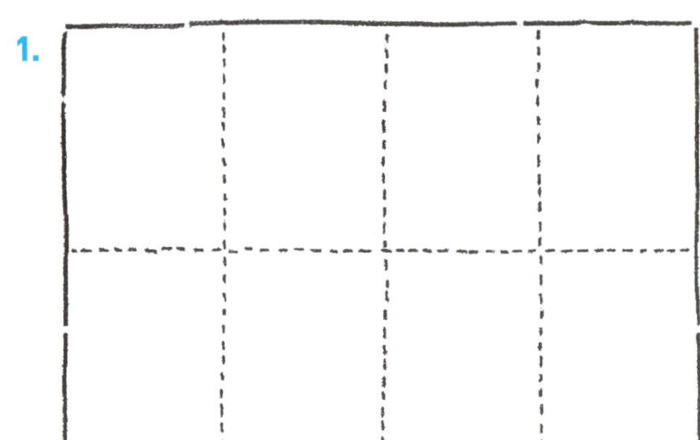

2.

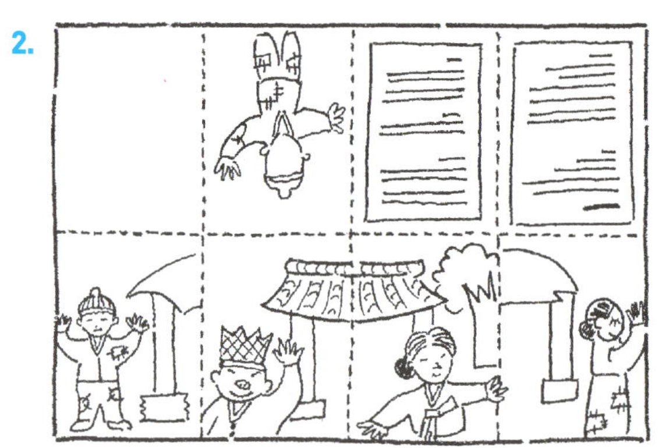

3.

가운데 선만 칼선을 넣어 주고 모양과 같이
접어 준다.

4.

5.

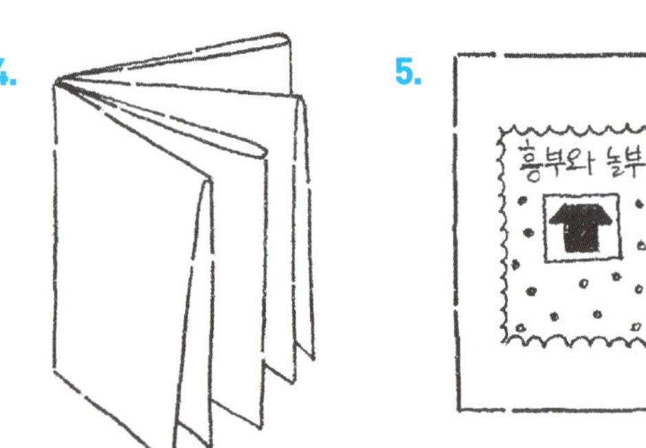

Tip

자르고, 접기 전에 위치를 연필과 자를 이용해 실선과
점선으로 정확히 그어 놓고, 접고 자른다. 위치를 잘
못 접고 자르는 경우가 많이 있다.

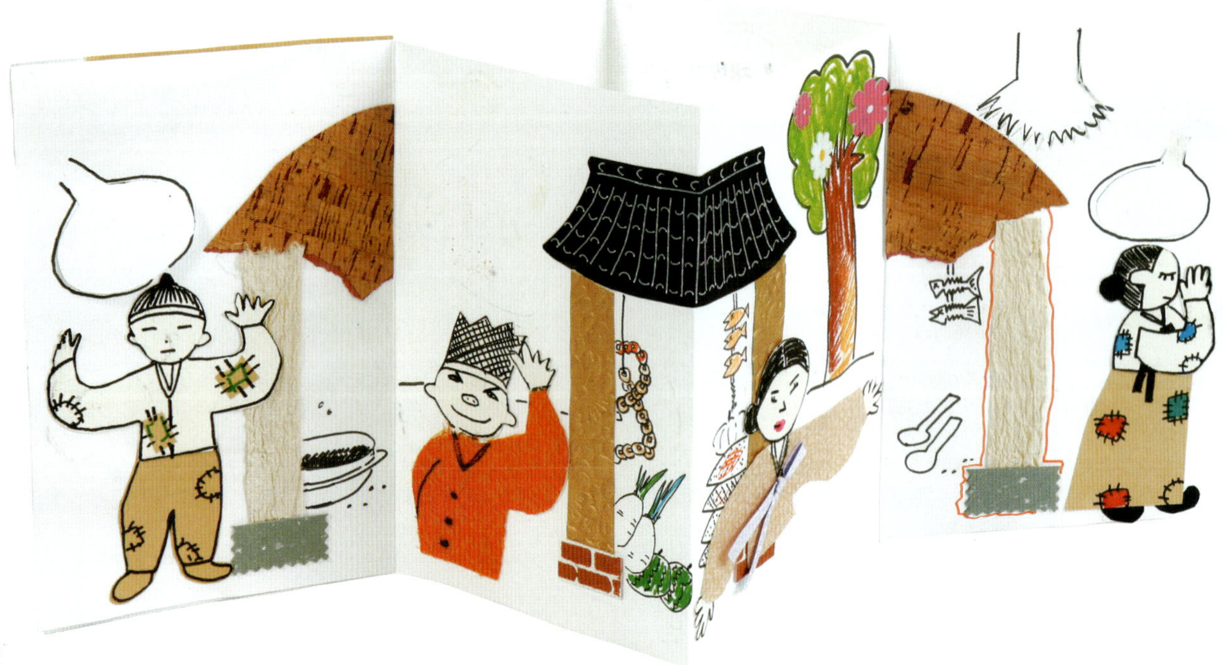

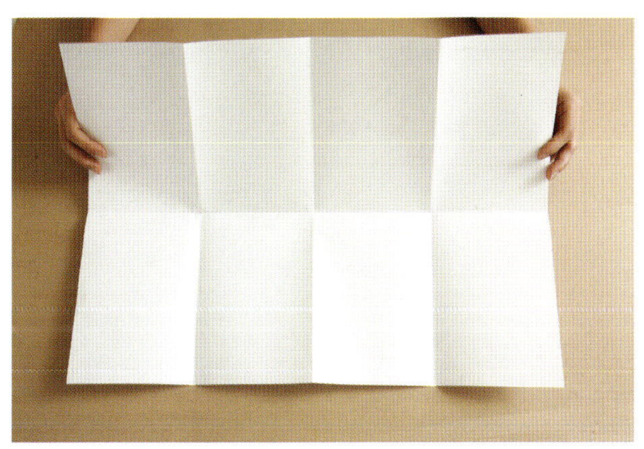

1. 큰 4절 종이를 그림과 같이 접어 준다.

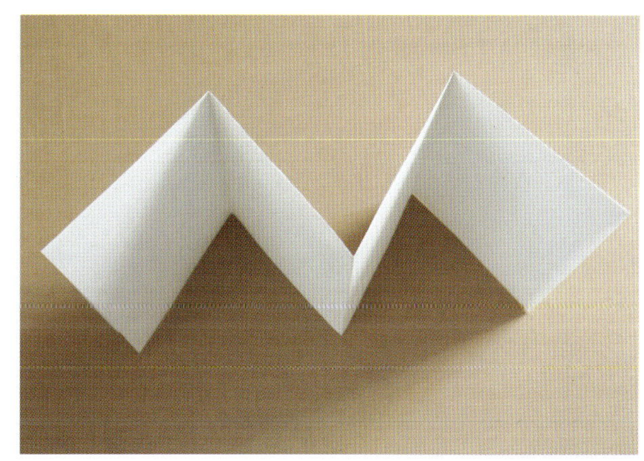

2. 길게 반절을 접어 준 종이를 4등분으로 접어 준다.

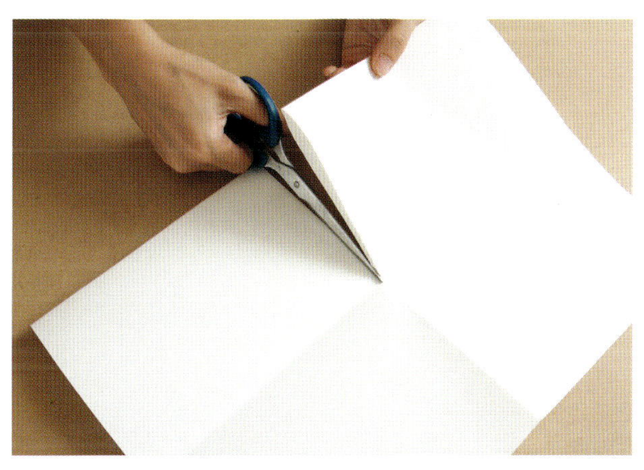

3. 그림과 같이 반절 접은 종이의 가운데를 접은 선까지 가위로 잘라 준다.

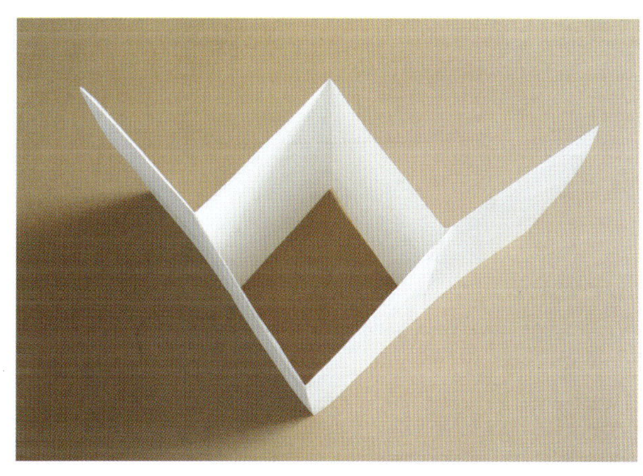

4. 잘라 준 종이를 그림과 같이 접어 준다.

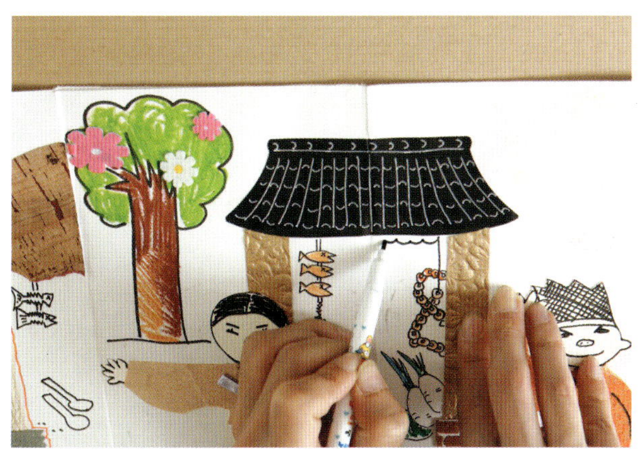

5. 종이를 다시 펼쳐 그림을 그려 준다.

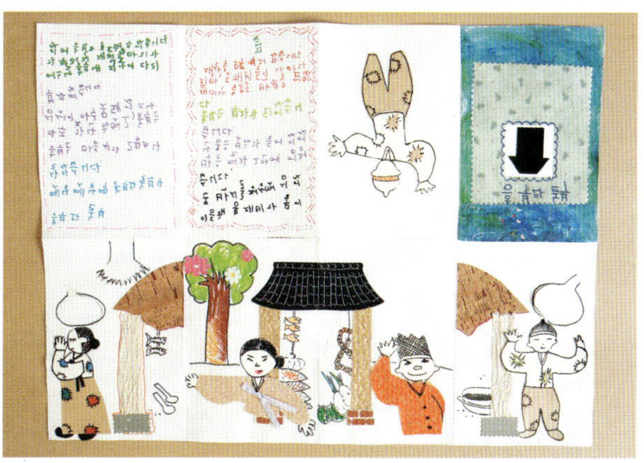

6. 완성

응용해 보세요

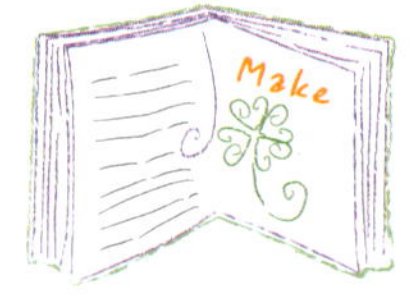

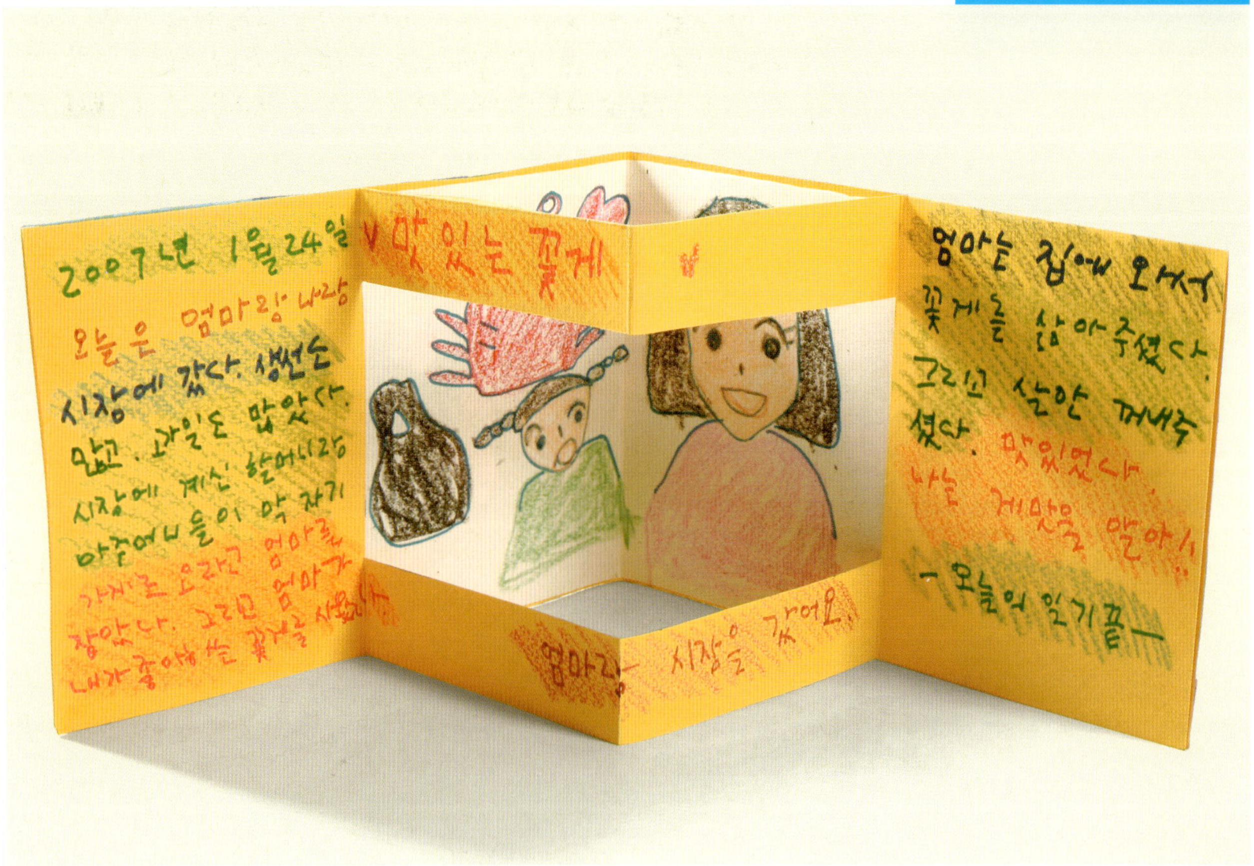

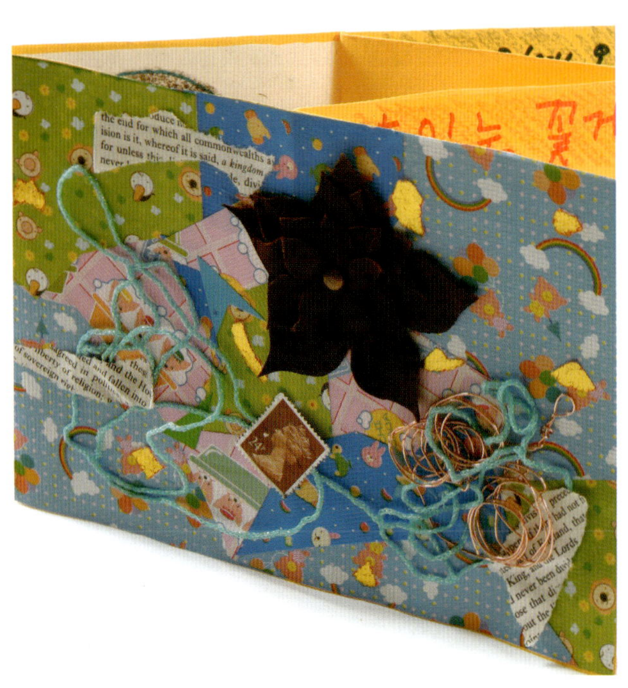

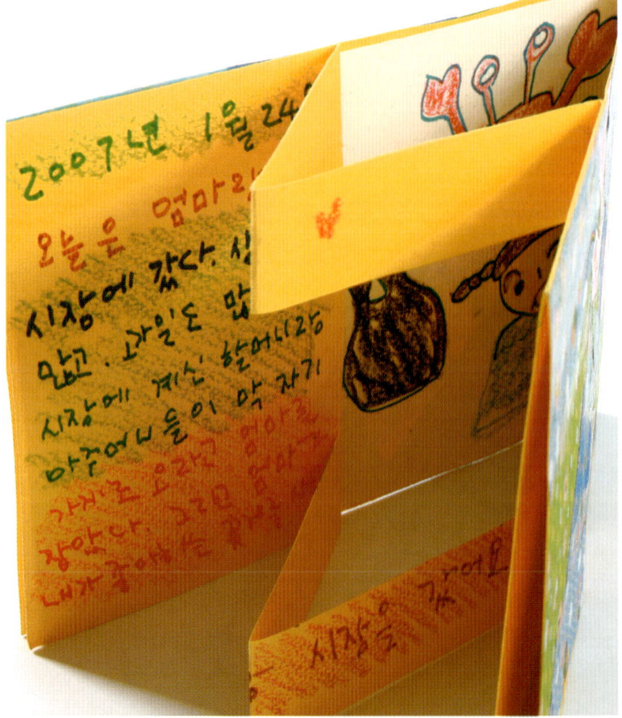

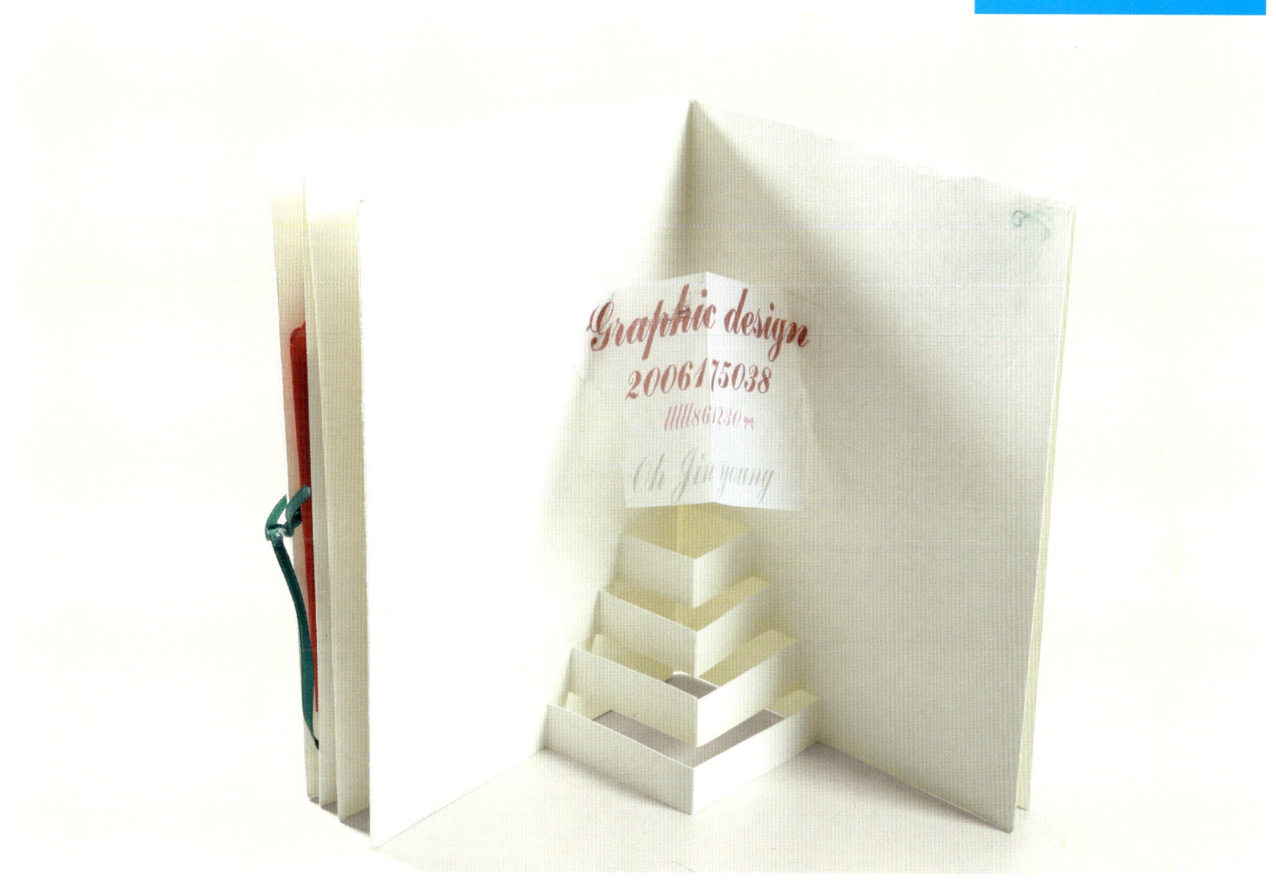
Graphic design
2006175038
Oh Jin young

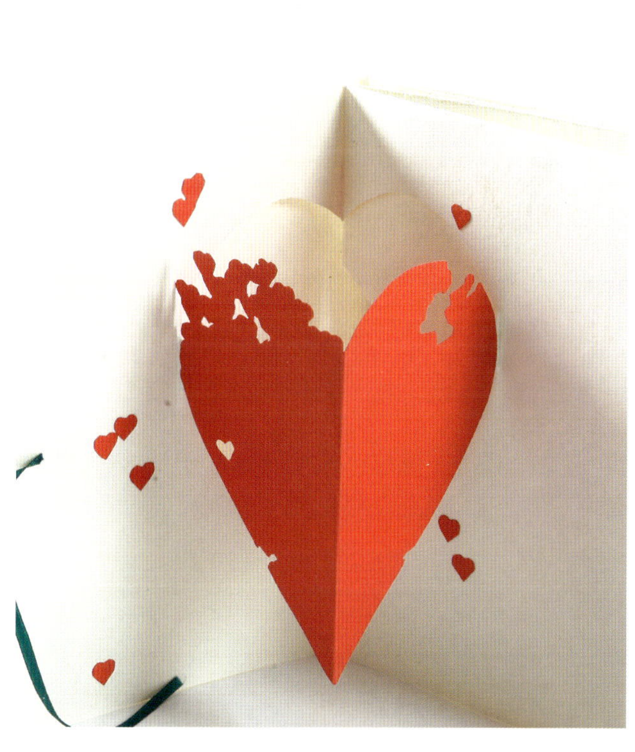

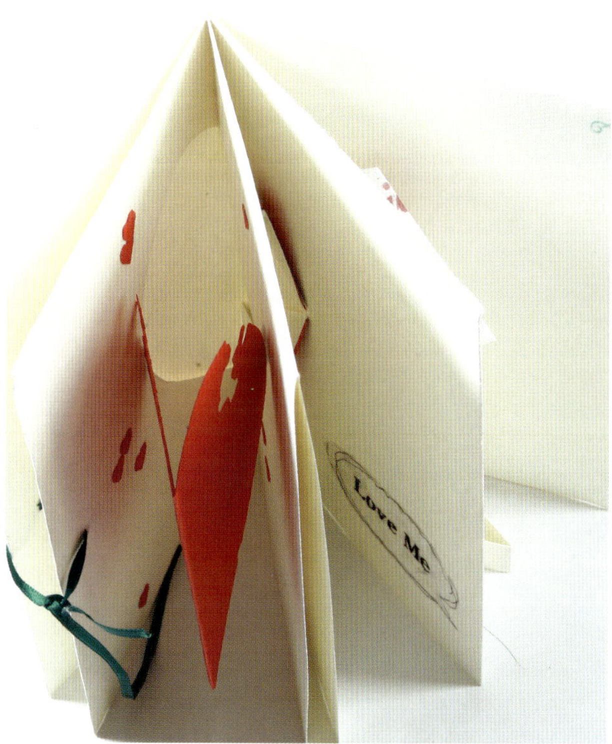
Love Me

09 | 삼각 북

Making books for Children

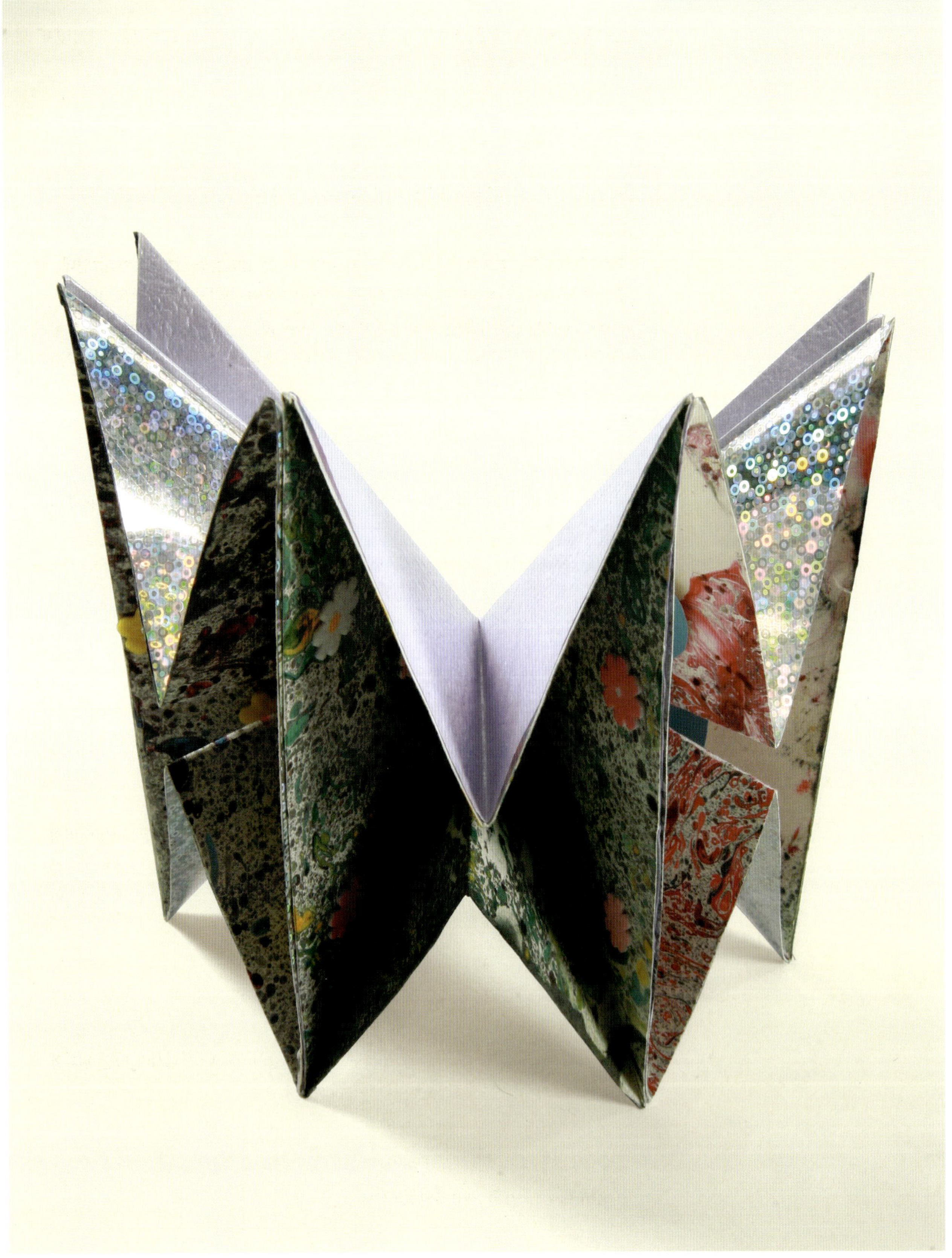

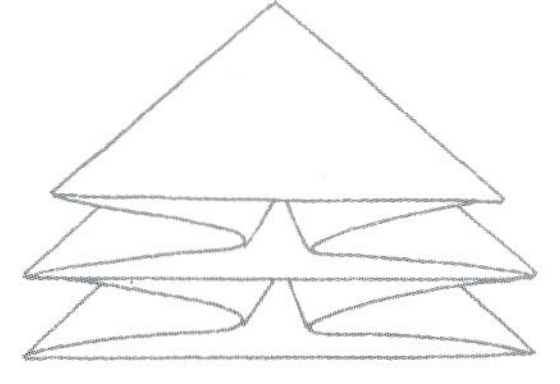

| 기본구조 | • **삼각북**_ 색종이 혹은 색상지를 5장 혹은 6장을 접어 서로 고체풀로 연결해서 간단히 만들 수 있는 책 방식이다. |

기본구조
• **삼각북**_ 색종이 혹은 색상지를 5장 혹은 6장을 접어 서로 고체풀로 연결해서 간단히 만들 수 있는 책 방식이다.

주 제
• 여러 가지 나비

준 비 물
고체풀, 가위, 자, 색도화지(15㎝ × 15㎝) 5개, 색종이, 물감, 스티커, 싸인펜 등

관련 및 도움말
• **여러 가지 나비**_ 현재까지 밝혀진 우리 나라의 나비는 남북한을 합하여 264종인데, 물결나비, 호랑나비, 노랑나비 등 몇 가지를 선택해 모양을 그려서 삼각북으로 만든다.
• **식탁에 생선이 오르기까지**_ 우리가 거의 매일 먹는 생선은 바다에서 어떠한 경로로 우리 식탁까지 오르는지를 순서대로 표현한다. 저학년의 경우는 경로를 이해하기 어려우므로 설명이 필요하다.

활동목표
• 나비의 종류와 모양에 대해 설명할 수 있다.
• 나비는 주로 어느 계절에, 어느 지방에 서식하는지 예를 들어 설명하고, 삼각북으로 제작할 수 있다.

난 이 도
상 **중** 하

지도방법
1 네모난 종이들을 접어 삼각북 접기를 한다.
2 종이는 흰종이도 좋지만, 마블링이 되어 있는 종이를 사용하면 효과적이다.
3 고체풀로 서로 연결한다.
4 나비의 더듬이와 특징들을 색종이로 그려서 붙여 본다.

제작시 유의사항
• 종이접기의 '삼각 주머니 접기'와 비슷한 방법으로 색종이를 같은 모양으로 접어 연결해서 만들어지는 책 방법이다. 색종이를 접어서 연결할 때 꼭지점을 잘 맞춰서 고체풀로 칠해서 하나하나 연결하고, 연결 직후에는 바로 펼쳐서 열리는 부분에 풀이붙지 않았는지 유의한다.

평가관점
1 연결할 때 각도 부분을 잘 맞추어 어긋나지 않게 연결되었는지, 페이지가 잘 열리지 않는지 확인한다.
2 다양한 위치에 알맞은 글을 넣고, 열려지는 내지에 같이 넣거나 분리시켜 다른 위치에 넣어 조화롭게 꾸몄는지 확인한다.

참고자료
• 나비박사 석주명의 과학나라(현암사)
• 야호! 우리 가족 체험 여행(동아일보사)

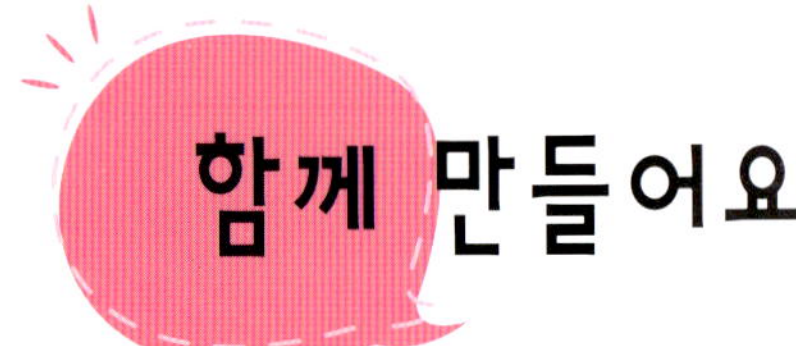

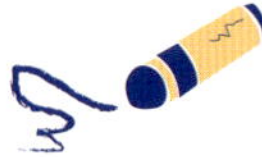

1.

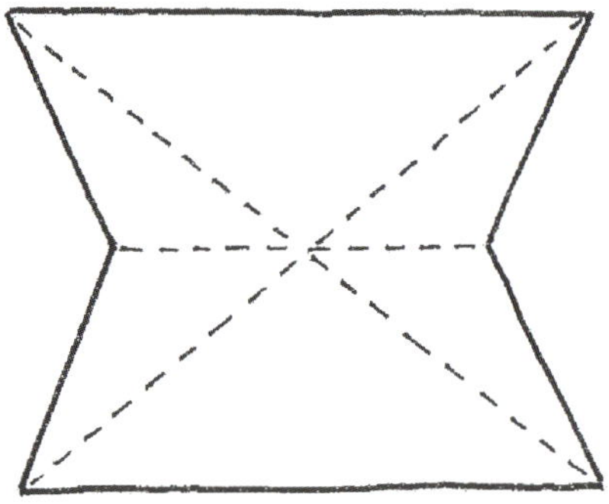

2.

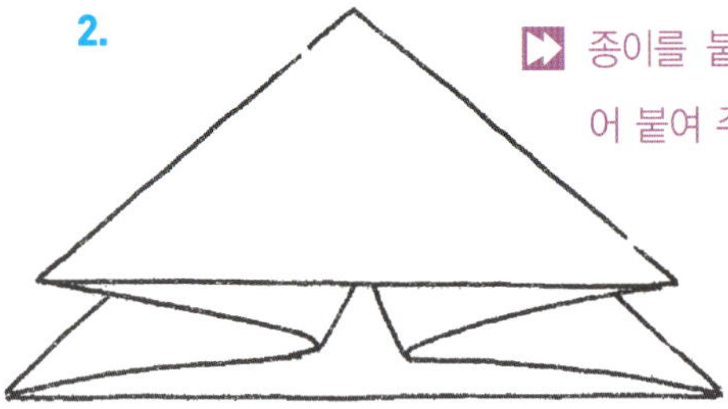

▶▶ 종이를 붙일 때는 모서리를 잘 맞추
어 붙여 주세요.

3.

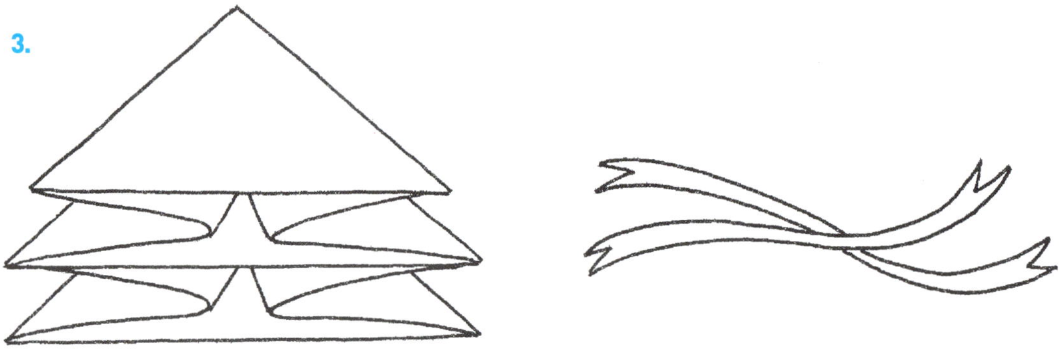

Tip

사각북 만들기 응용

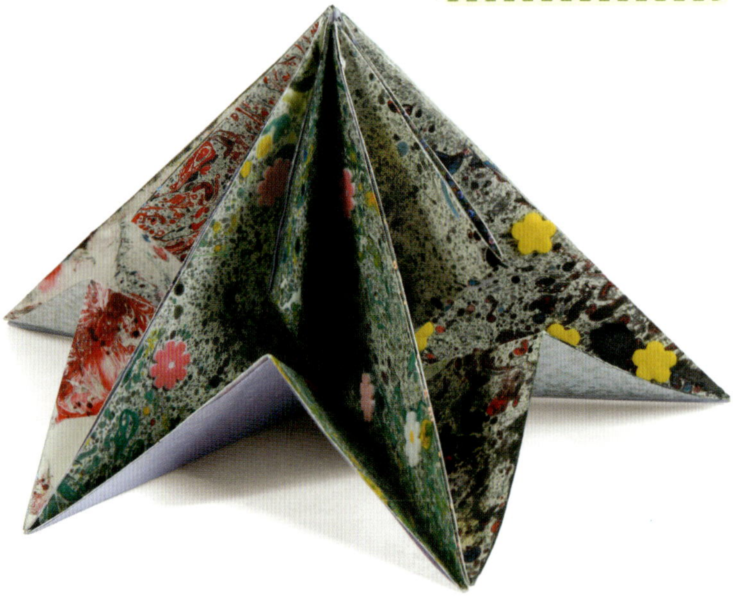

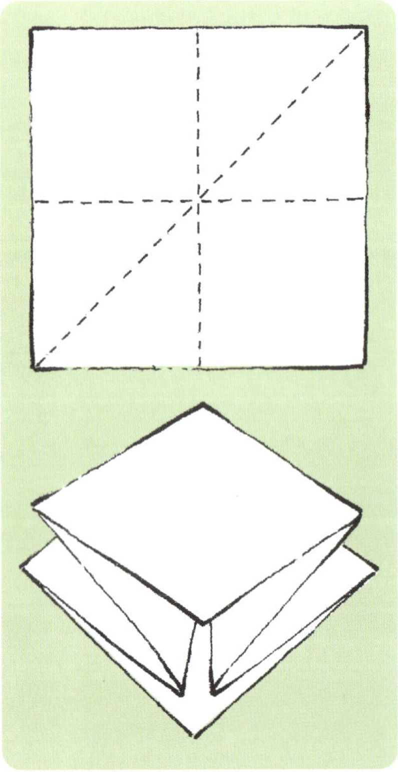

1. 정사각형으로 자른 종이를 여러 장 준비해 둔다.

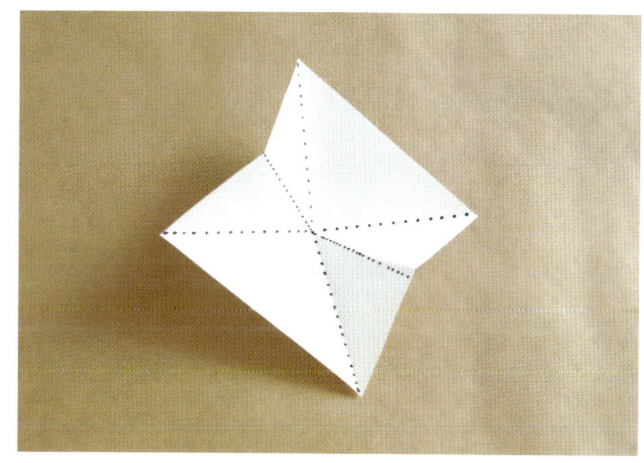

2. 잘라 둔 종이를 그림과 같이 접어 준다.

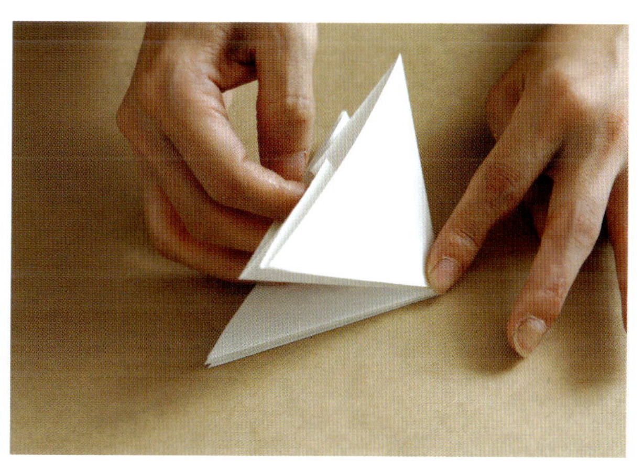

3. 점선을 따라 종이를 접어 주면 다음과 같은 모양으로 완성된다.

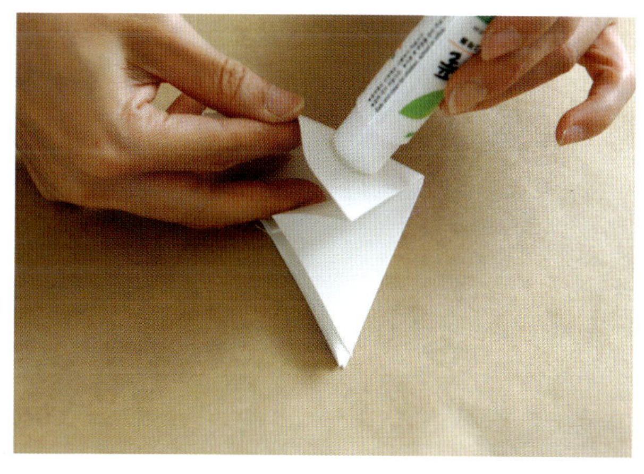

4. 접어 둔 종이들을 고체풀을 이용하여 붙여 준다.

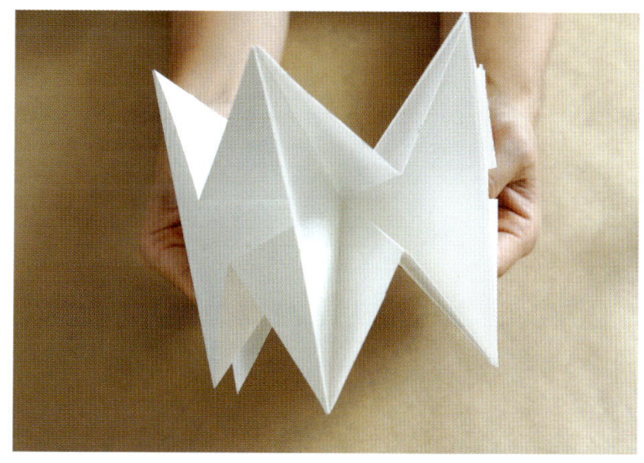

5. 붙여 준 종이를 펼치면 그럼처럼 완성된다.

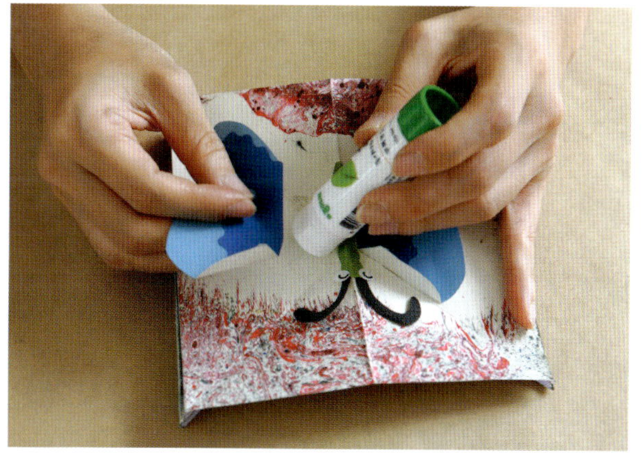

6. 완성된 종이에 장식을 해 주면 멋진 책이 완성된다.

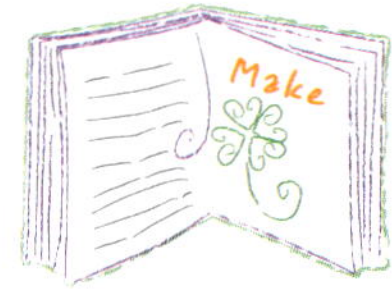

응용해 보세요

할머니가 파리를 삼켰어요

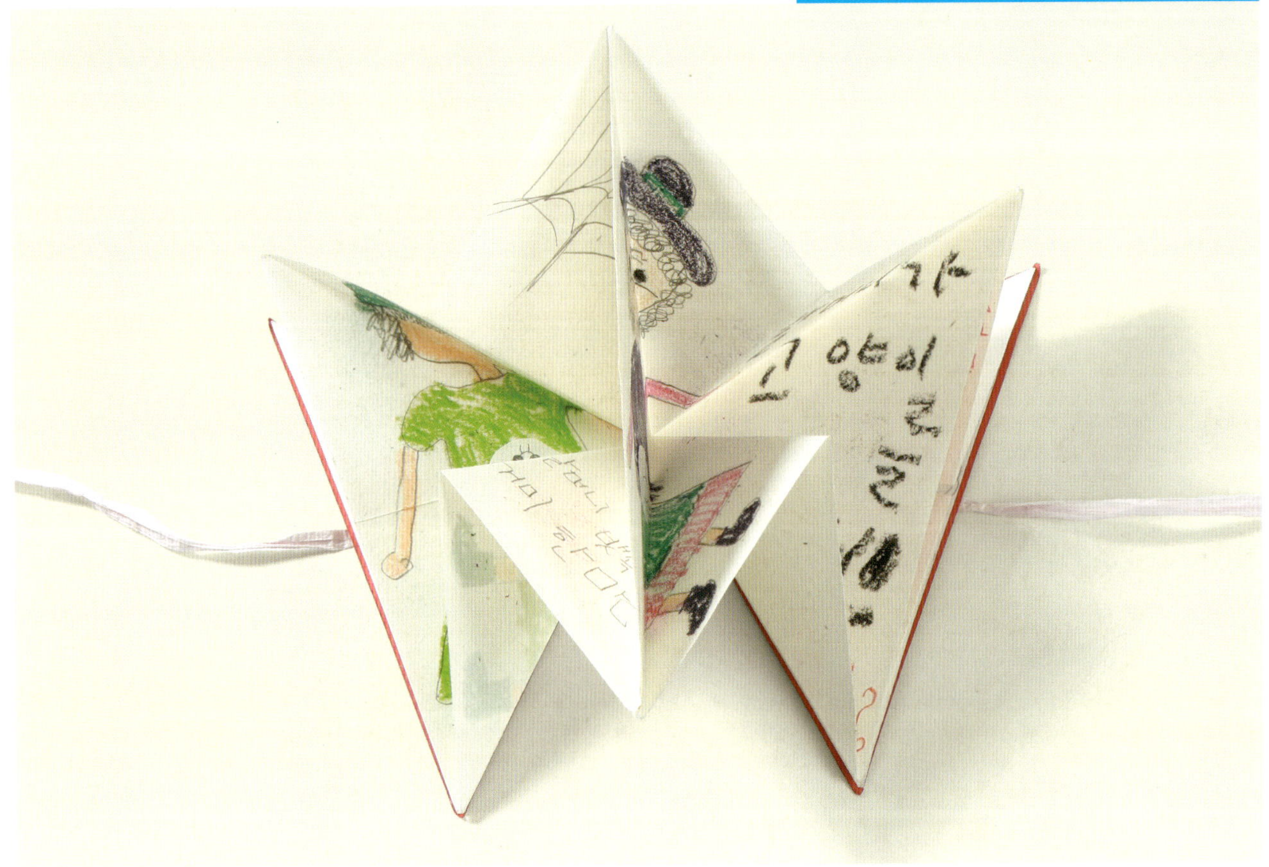

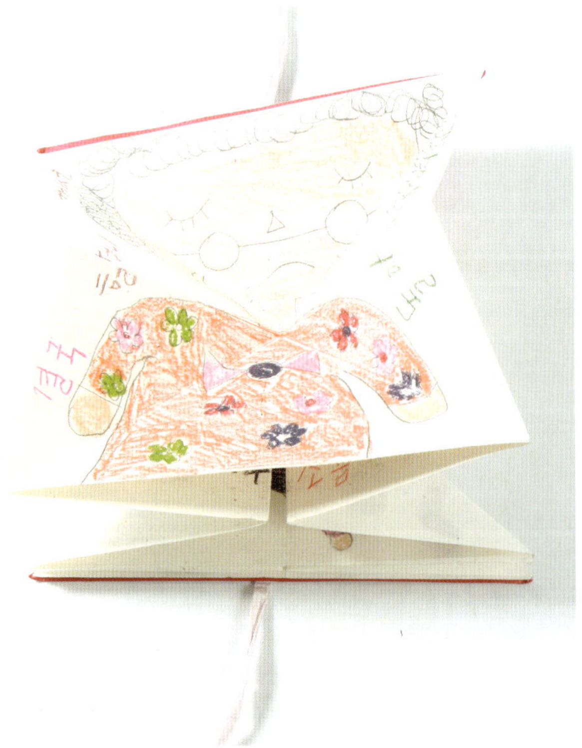

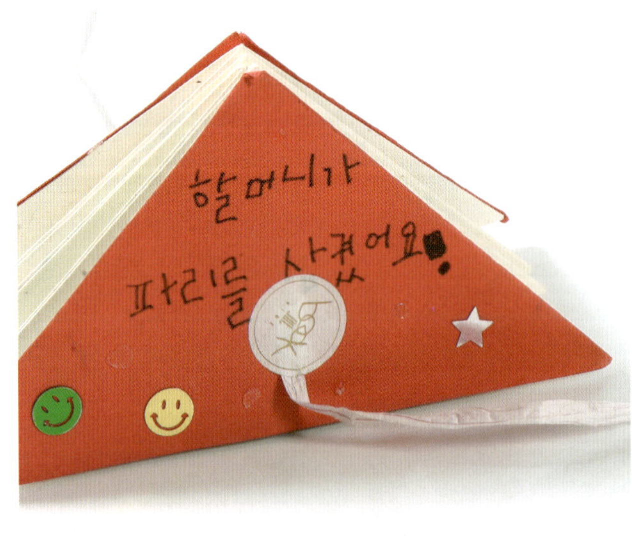

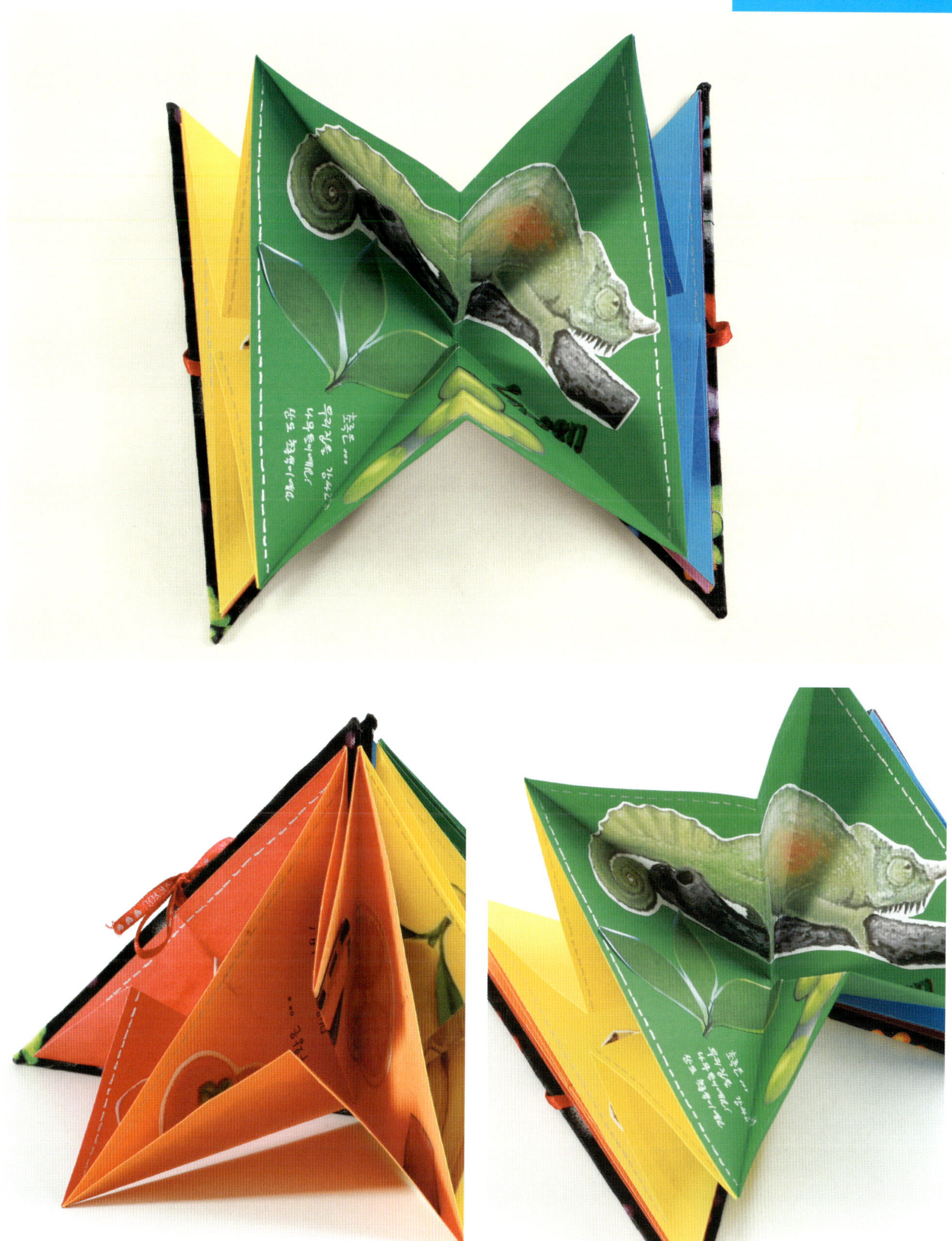

10 | 삼각 연결 북

Making books for Children

우리 나라 옛날 물건들

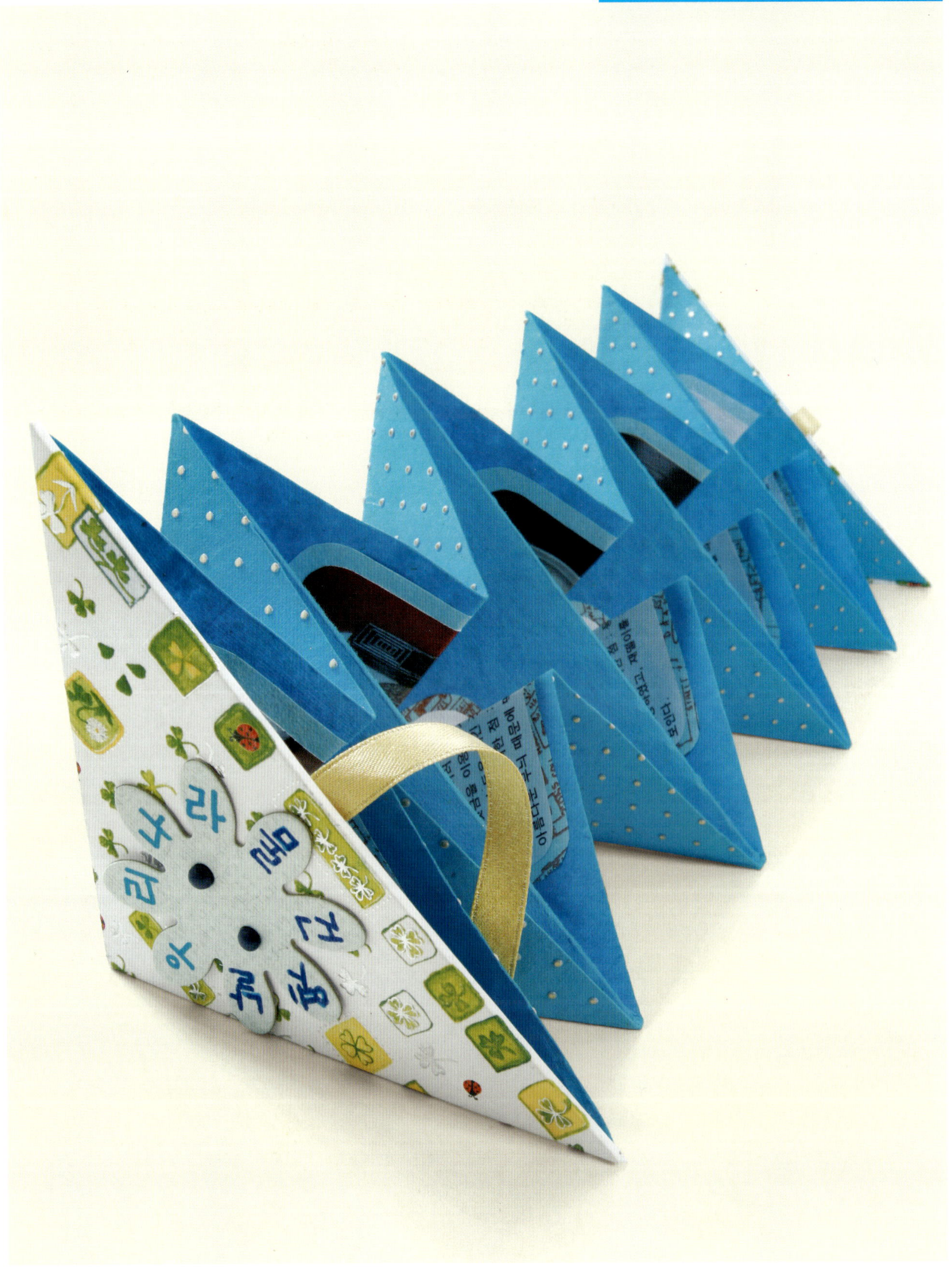

기본구조	• **삼각 연결북_** 삼각 북을 변형한 책으로 삼각북은 낱장의 종이를 풀로 붙이는 방법인데, 이 방법은 한 장의 종이를 연결해 삼각북과 같은 효과를 줄 수 있다.
주　제	• 우리 나라 옛날 물건들
준 비 물	고체풀, 가위, 자, 커버용 하드보드, 색도화지(15㎝×75㎝), 포장지, 싸인펜, 리본, 색종이 등
관련 및 도움말	• **우리 나라 옛날 물건들_** 화로, 반짇고리, 주판, 다듬이돌과 다듬이방망이, 맷돌, 나막신, 갓, 부채, 족두리, 똬리, 옹기, 지게 등 민속촌에 가면 아직도 볼 수 있는 옛날 물건들을 알아본다. • **우리 가족 가계보_** 나의 본가, 우리 조상, 고향, 가족 구성원, 현재 사는 곳 등 뿌리 찾기의 개념으로 조사한 후 차례대로 페이지에 넣어 본다.
활동목표	• 우리의 조상들이 사용했던 옛날 물건들에 대해 설명할 수 있다. • 괘종시계나 다리미나 도자기 등 우리 집에 있는 오래된 물건에 대해 사진을 삼각 연결북에 담아 표현할 수 있다.
난 이 도	상　**중**　하
지도방법	1 다양한 옛날 생활용품에 대해 이야기하고 자료를 발표한다. 2 프린트해 온 사진들을 예쁘게 오린다. 3 삼각 연결 북 구조를 만든다. 4 이미지들을 붙이고 장식해 완성한다.
제작시 유의사항	• 이 방법은 삼각북에서 응용한 것으로 한 장의 종이를 그대로 삼각북으로 만든 것으로 도면을 잘 보면서 접을 때 잘 접혀 졌는지 확인한다. 또한 조금씩 다르게도 변형을 시켜본다. 유의사항으로는 각도가 비뚤어지게 접혀졌을 경우에는 다 완성해도 예쁘지 않으므로 각도를 잘 맞추어 접는다.
평가관점	1 이미지를 출력해서 붙였을 때 떨어지지 않는지 확인한다. 2 내용의 연결성과 글은 잘 맞게 들어갔는지 확인한다.
참고자료	• 학년별, 계절별 체험학습 어디로 가면 좋을까?_ 박물관, 5일장 • 박물관으로 떠나는 시간 여행(풀빛)

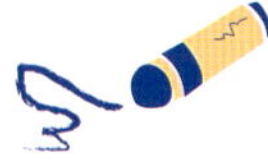

함께 만들어요

1.
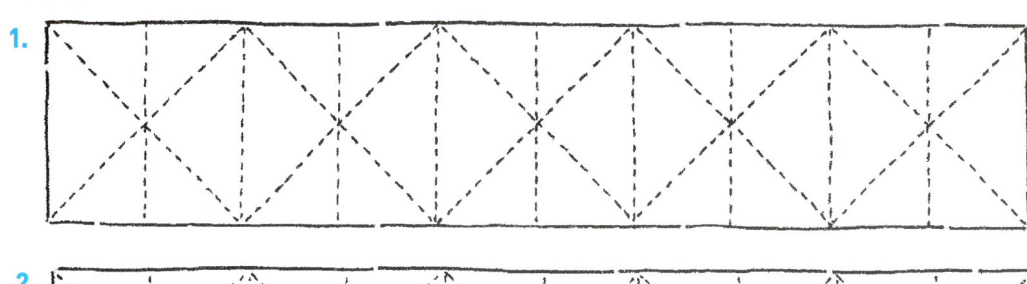

2.
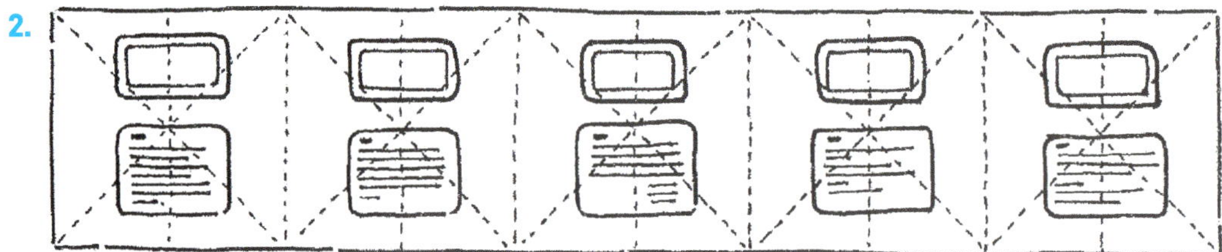

3.
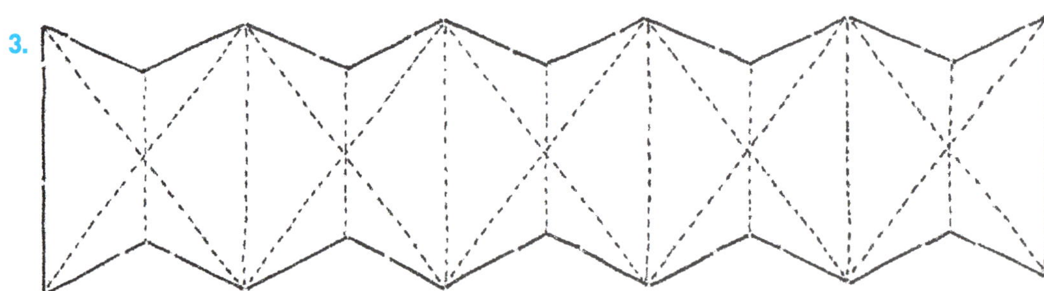

4.
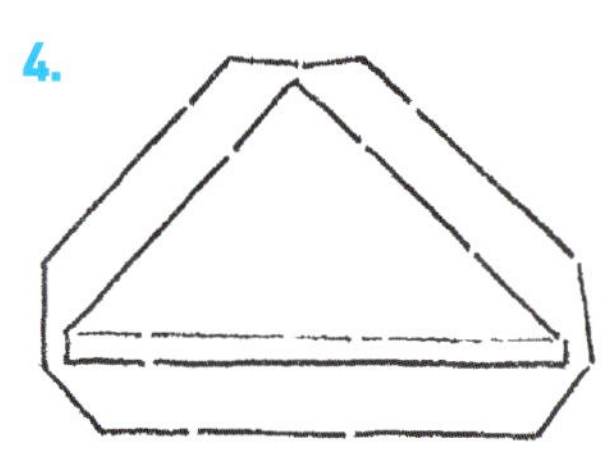
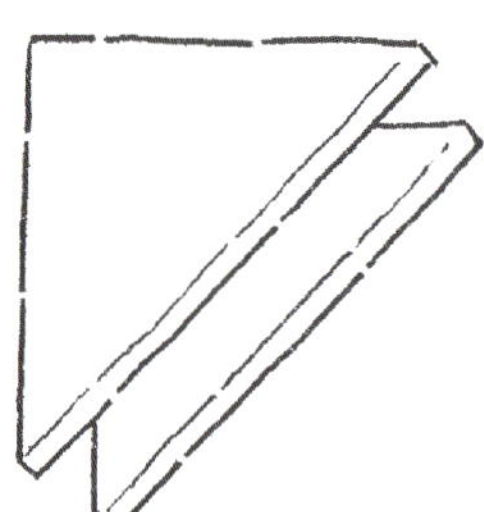
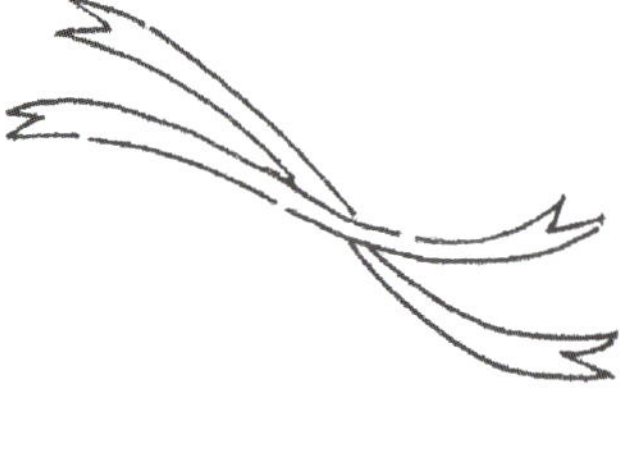

하드커버가 어려울 때는 생략해도
무방하다.

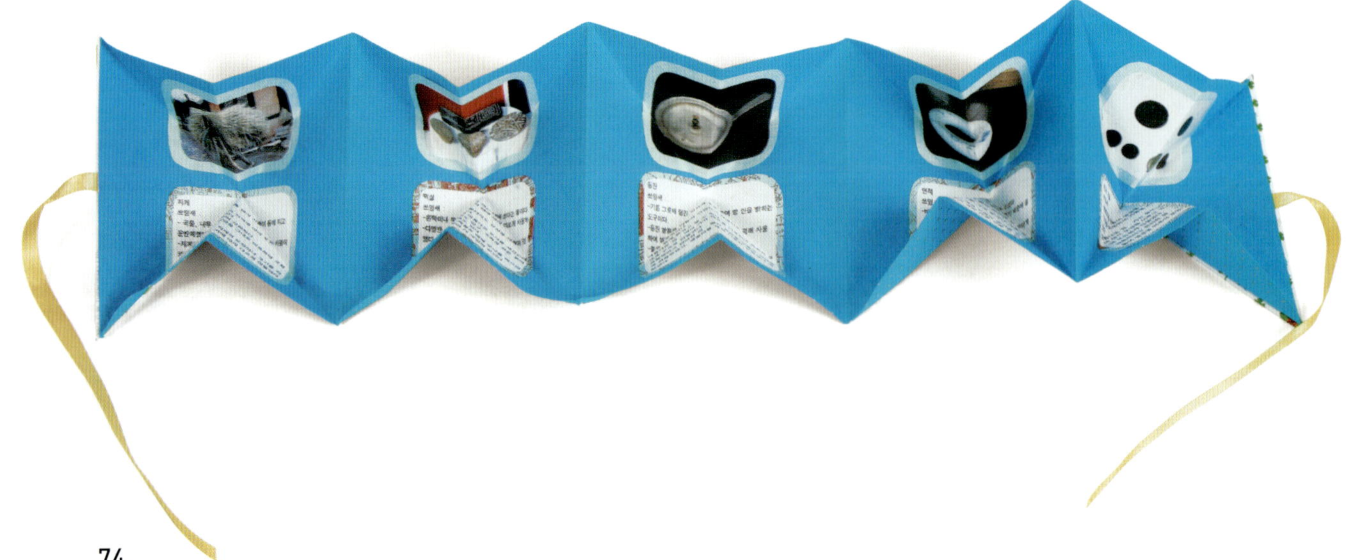

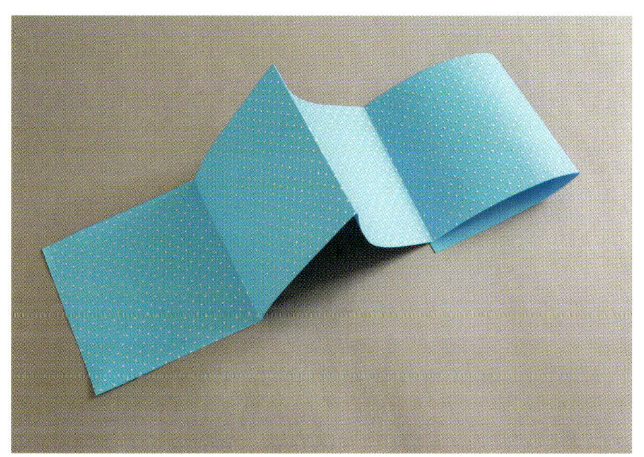

1. 15cm X 75cm 사이즈의 종이를 5등분으로 접는다.

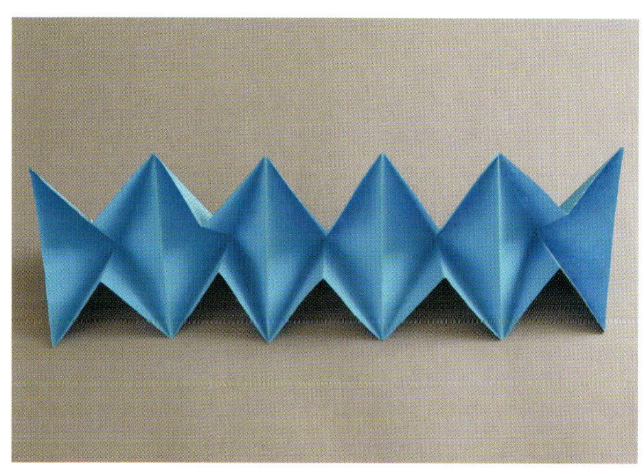

2. 그림과 같이 접을 수 있다.

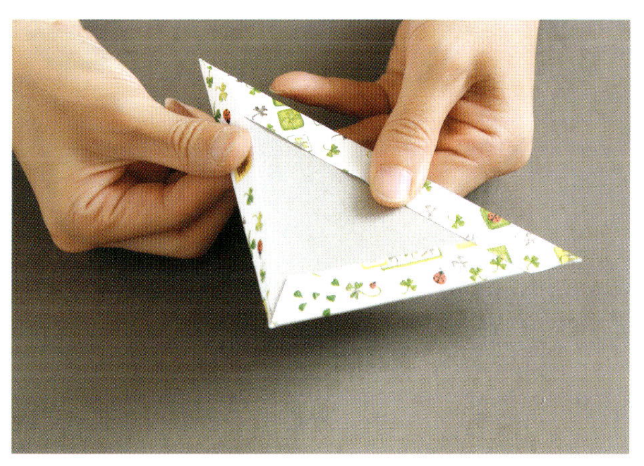

3. 책의 커버를 하드보드를 이용해 만든다.

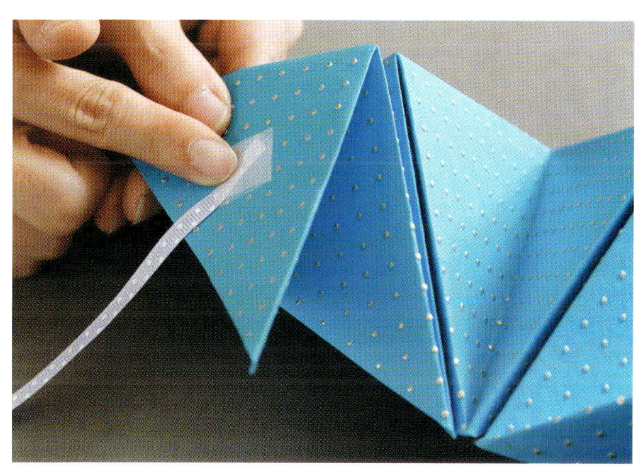

4. 내지에 리본끈을 붙여 준다.

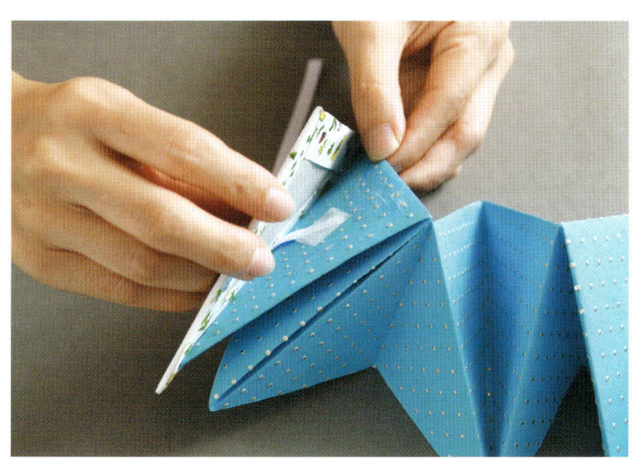

5. 리본을 붙여 둔 곳에 앞, 뒤 커버를 붙여 둔다.

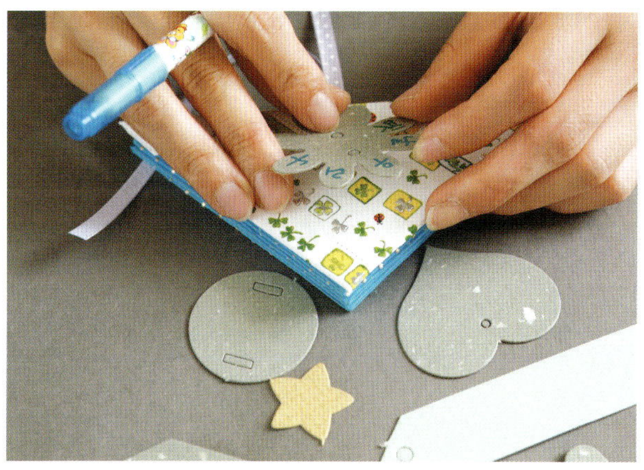

6. 장식을 하면 완성된다.

응용해 보세요

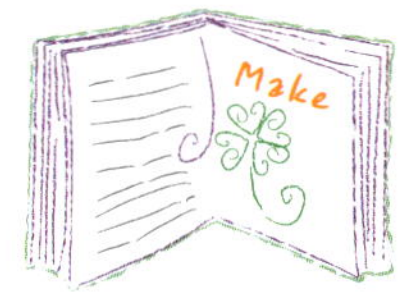

맛있는 여름과일

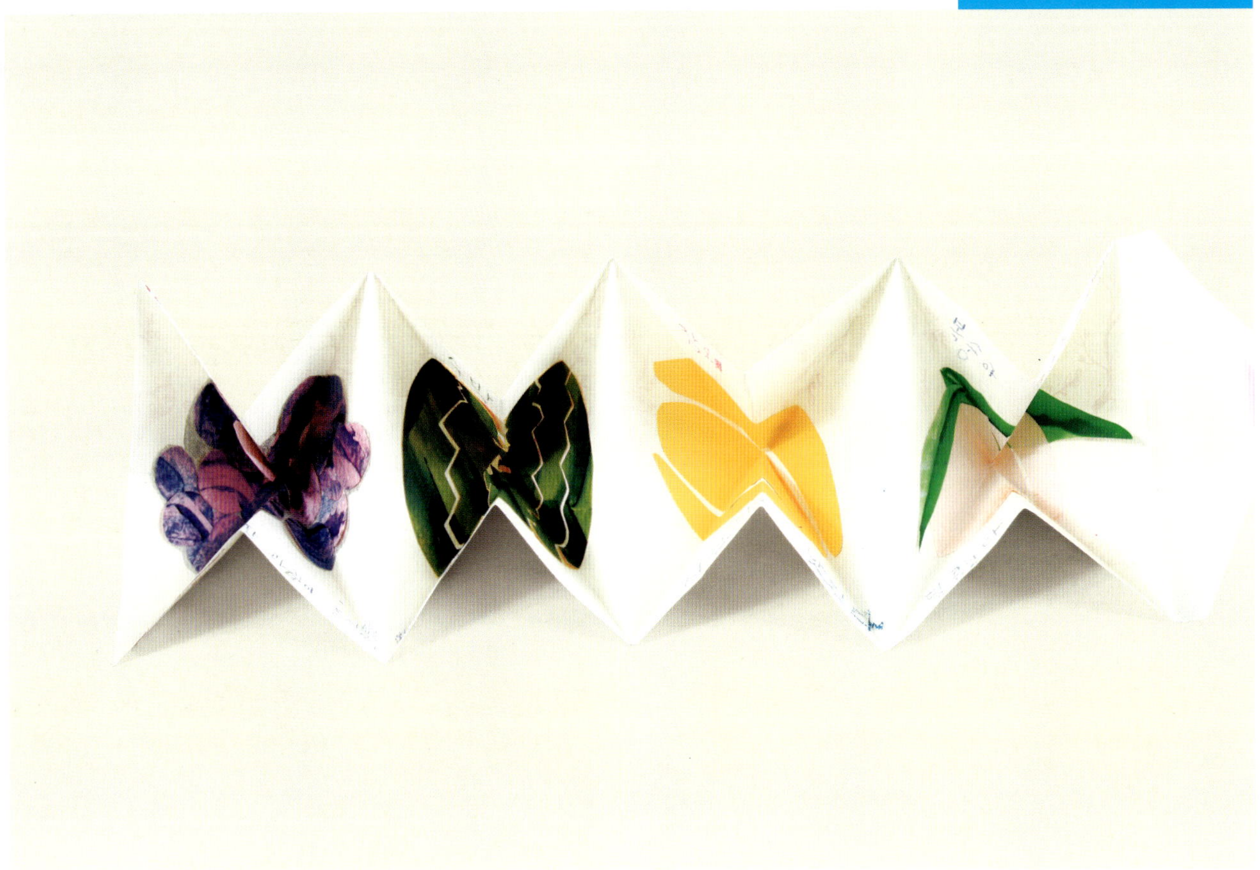

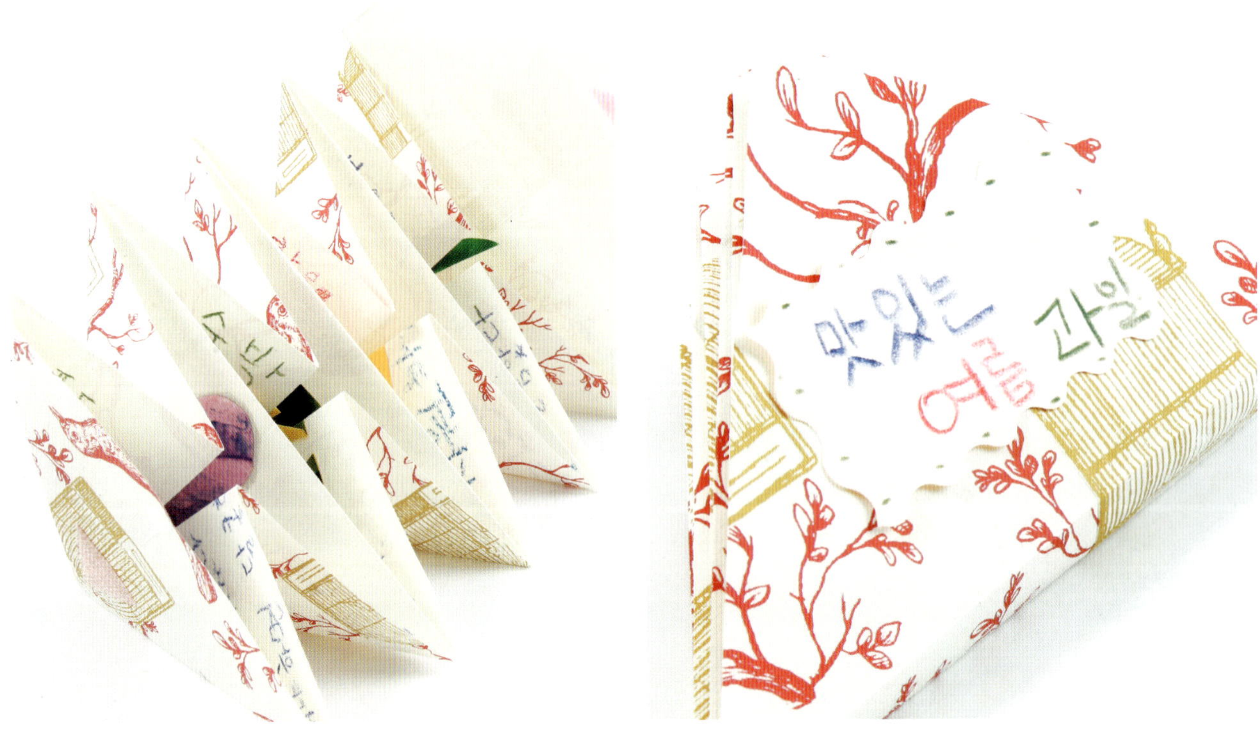

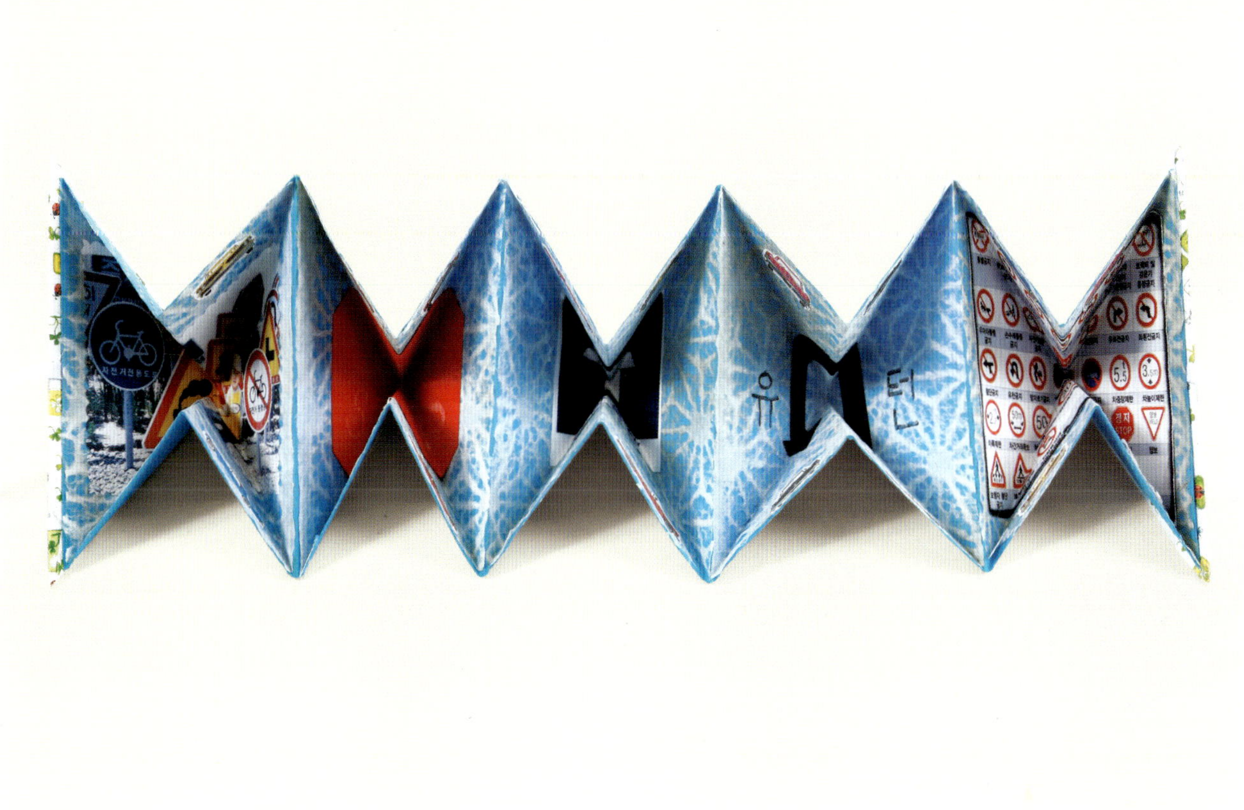

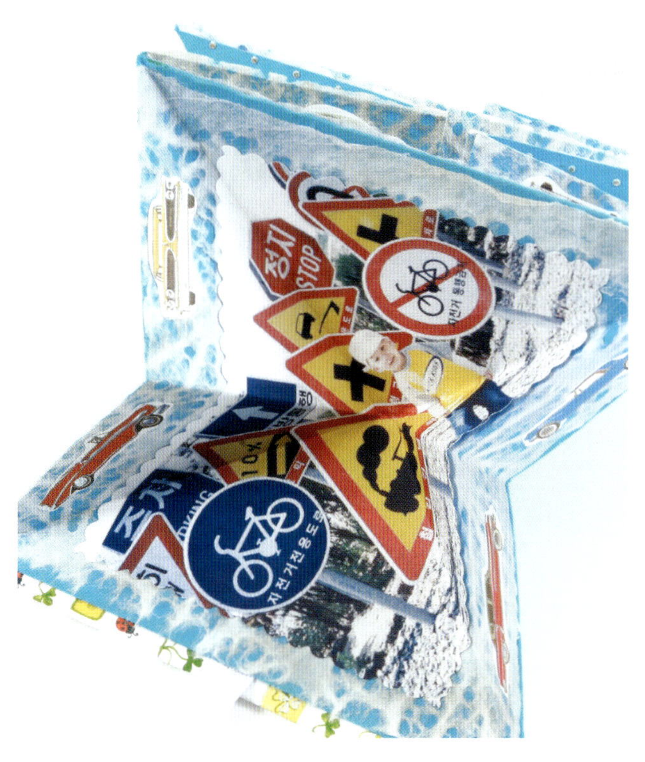

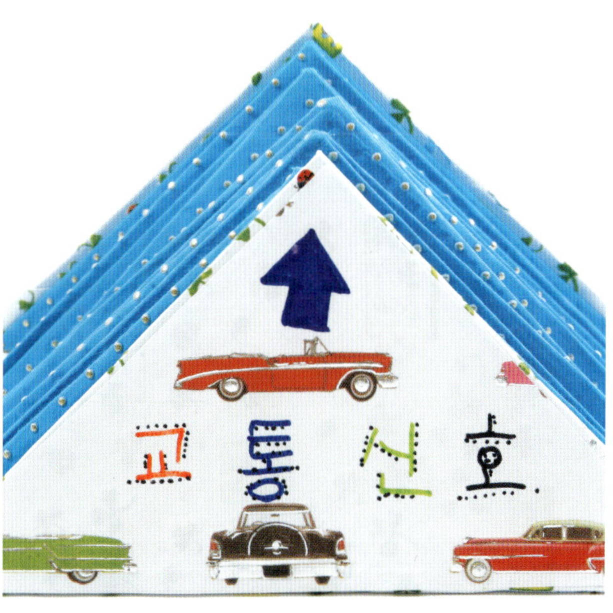
교통신호

11 | 입체 북

Making books for Children

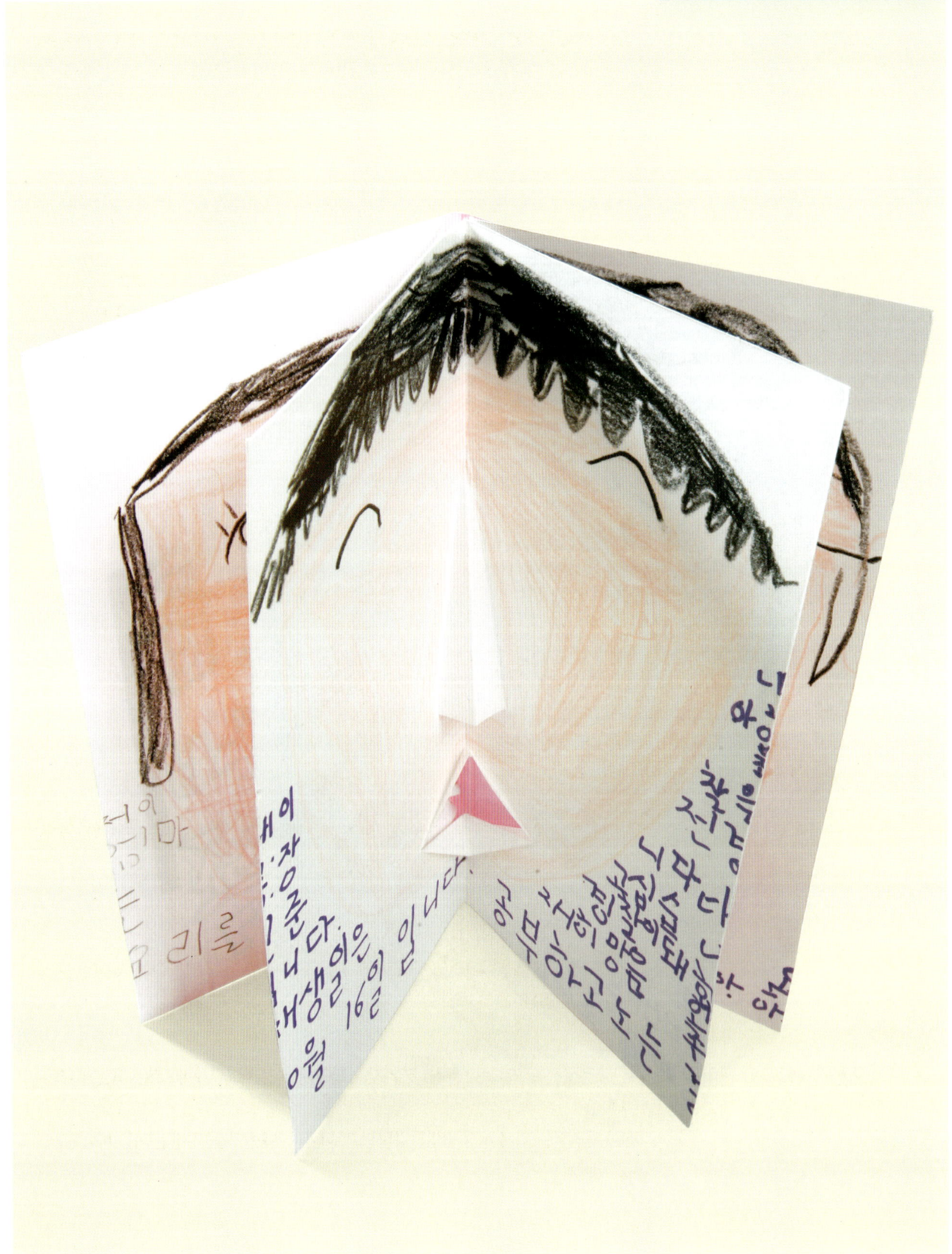

기본구조	• **입체 북(팝업 북)_** 입체북은 개구리 입, 벤치, 의자, 잔디, 집 형태 등 수백여 가지를 만들 수 있고 몇 가지 방법을 익혀 보고, 실물 동화책 등도 감상한다.
주 제	• 민준이네 가족
준 비 물	고체풀, 가위, 자, 도화지(19.5㎝×13.5㎝)3개, 포장지, 색연필, 싸인펜 등
관련 및 도움말	• **민준이네 가족_** 우리 가족 구성원에 대해서 발표하고, 개구리 입 모양으로 가족 구성원의 입을 입체북으로 만들고, 눈, 코, 머리를 그린 후 간단히 소개를 써 본다. • **우리 집_** 집 형태를 입체북으로 만들고, 꾸미기를 해 본다. 종이는 너무 부드럽지 않은 종이로 선택하고, 접을 때에는 자 또는 폴더를 사용해 꼼꼼히 잘 눌러 준다.
활동목표	• 우리 가족 구성원에 대해서 설명 할수 있다. • 팝업 북의 의미와 제작 방법에 대해 알고 입체북을 꾸밀 수 있다.
난 이 도	상 **중** 하
지도방법	1 우리 가족에 대해 이야기해 본다. 2 그 중 세 명 정도를 정해 '개구리 입모양' 팝업을 만든다. 3 색을 칠하고 하고 싶은 말이나 특징적인 사항을 적는다. 4 연결해서 책으로 만든다.
제작시 유의사항	• 이 책 만들기는 종이를 연결해서 책으로 만드는 방법으로 입체 북을 '개구리 입모양' 외에도 의자, 집, 테이블 등 다양한 방법을 이용해 책 만들기를 하도록 한다.
평가관점	1 글을 쓸 수 있는 위치가 작으므로 효과적으로 잘 들어갔나 확인한다. 2 개구리 입 모양을 이용해 얼굴을 표현한 경우, 완성도가 미흡한지, 채색이 완성도 있게 들어갔는지 확인한다.
참고자료	• 한 장의 종이로 만드는 팝업북 31가지(책 만들며 크는 학교)_ 솟아오르는 책, 지그재그책 등 • 살아 움직이는 입체 세상 팝업북 (넥서스 주니어)_ 곤충친구들, 농장친구들, 바다친구들, 야생친구들 등

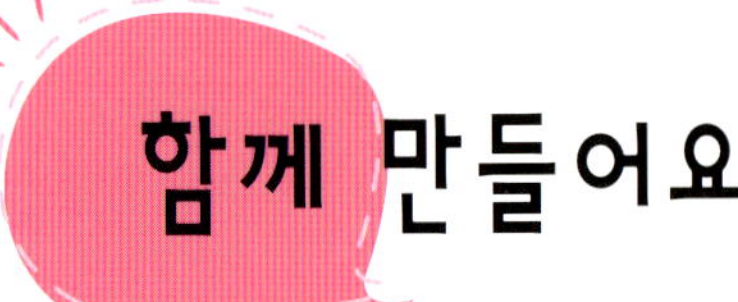

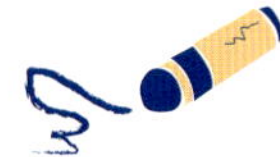

1.

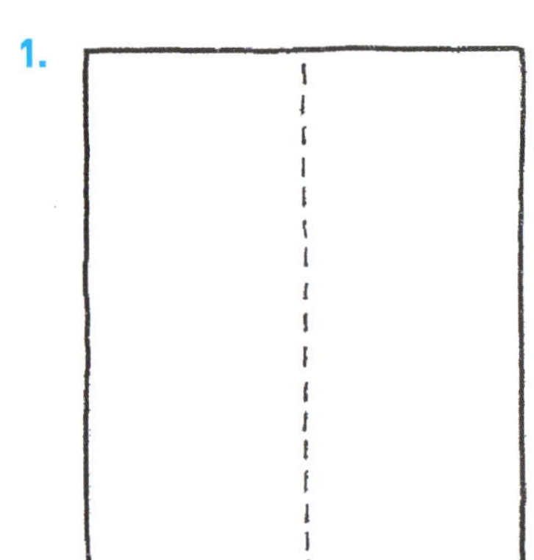

2.

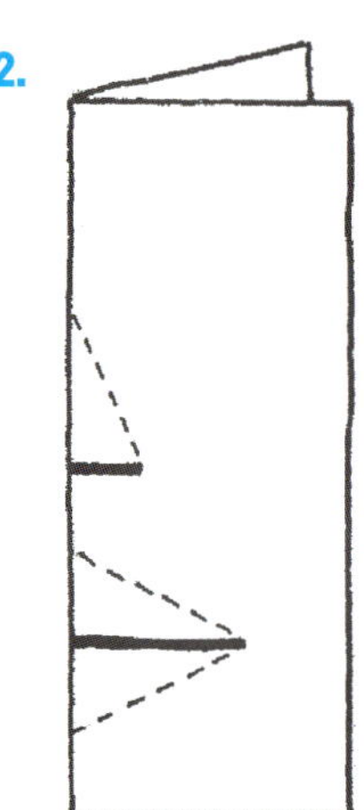

3.

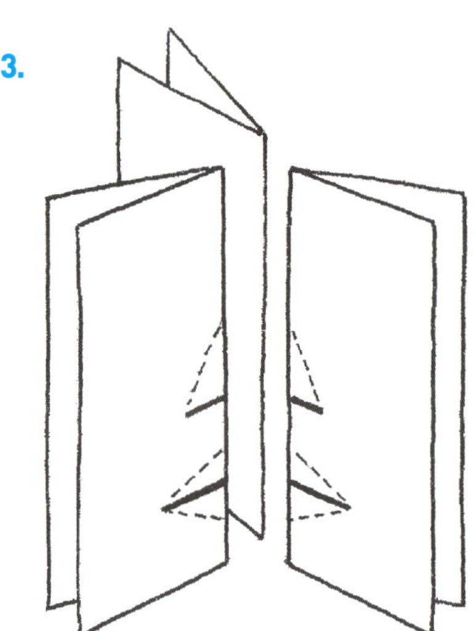

코를 만들때는 입보다 크지 않게 만들어 주세요.

4.

종이를 붙일 때는 코와 잎에는 풀칠을 하지 말고 모서리를 맞추어 붙이세요.

5.

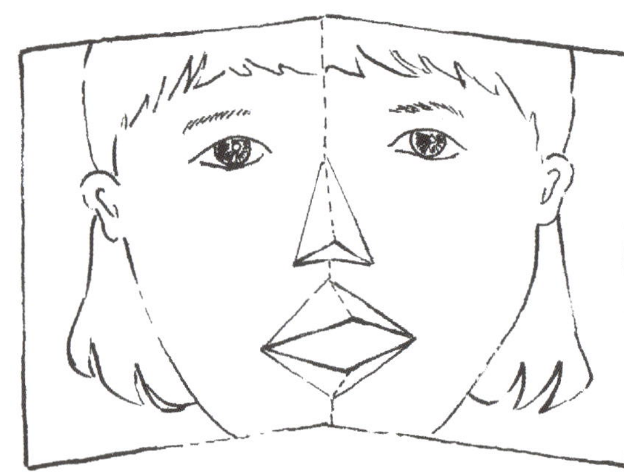

코와 입을 만든 종이에 가족이나 친구의 얼굴을 그리면 멋진 책이 완성됩니다.

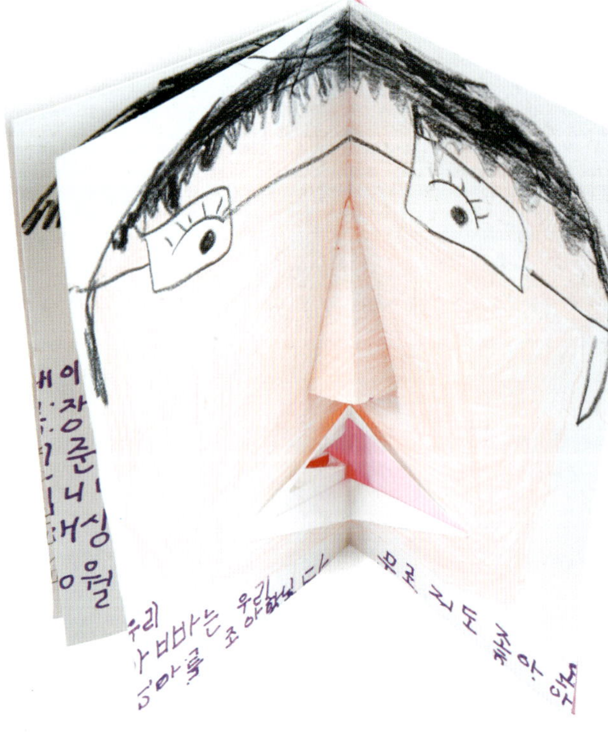

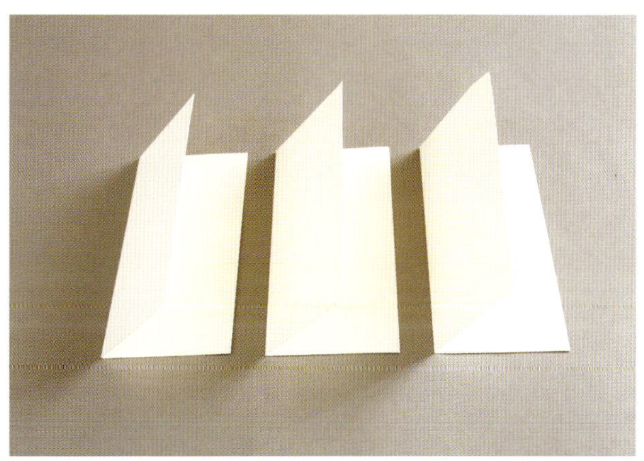

1. 같은 크기의 종이 3장을 다음과 같이 준비한다.

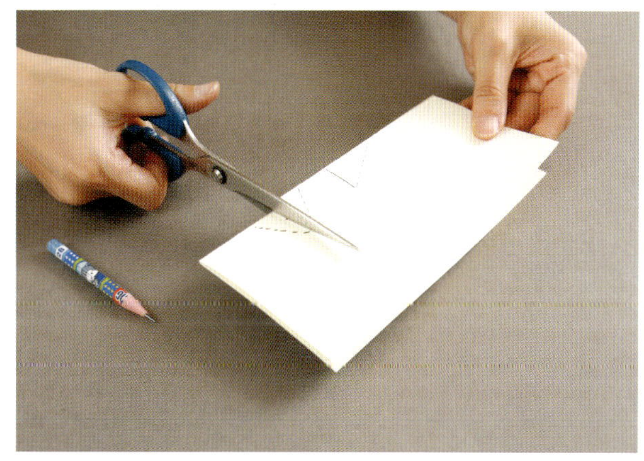

2. 반으로 접은 종이로 코와 입을 만들 부분을 그림과 같이 가위로 잘라 준다.

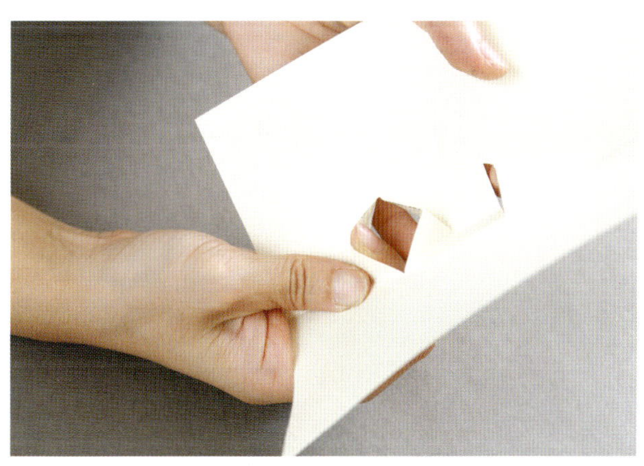

3. 그림과 같이 코와 입 부분을 벌려 접어 준다.

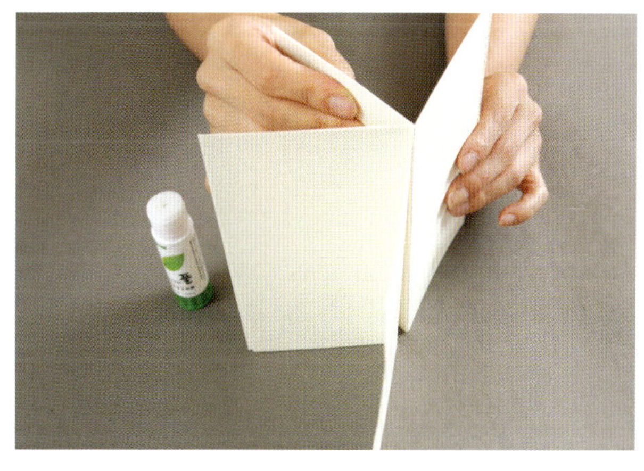

4. 만들어 둔 3장의 종이를 이어 붙인다.

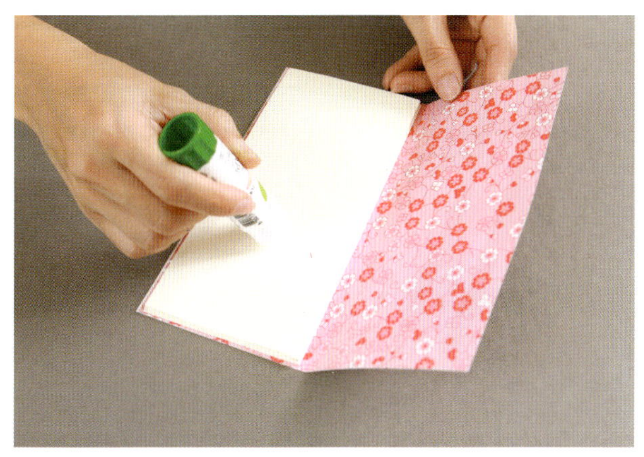

5. 첫째 번 종이와 3째 번 종이를 커버에 붙인다.

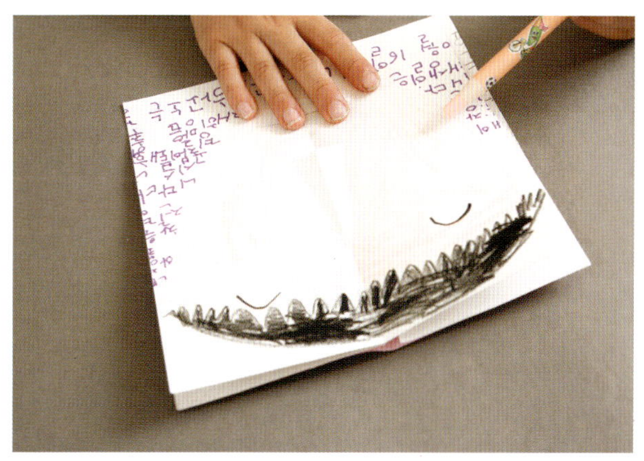

6. 코와 입 부분의 팝업을 중심으로 얼굴을 그려 주면 완성된다.

응용해 보세요

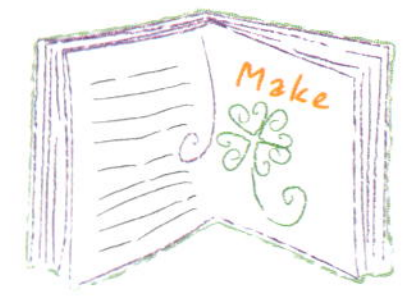

우리나라 위인들

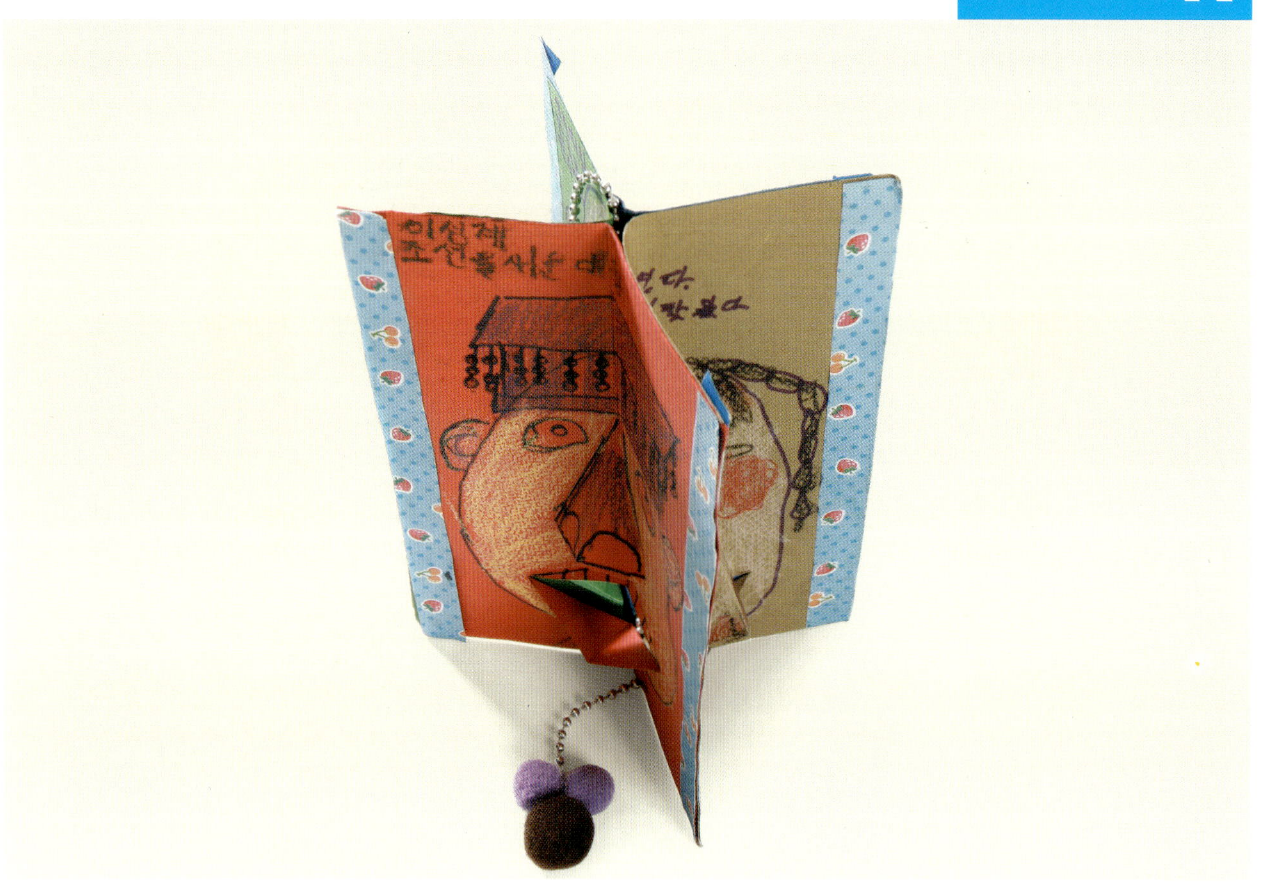

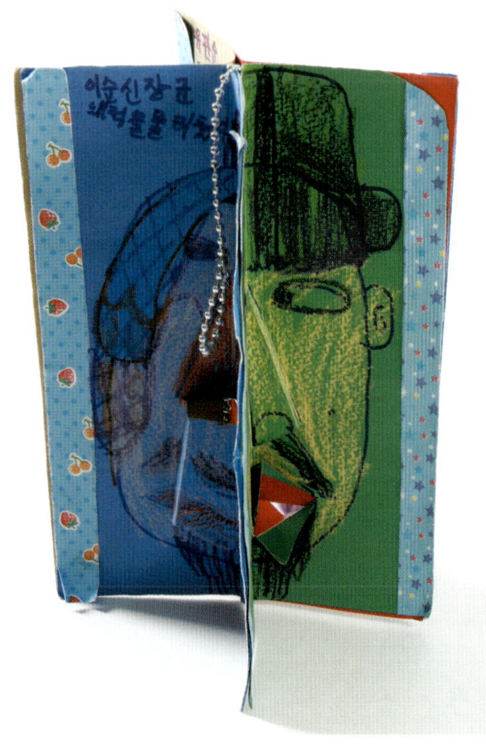

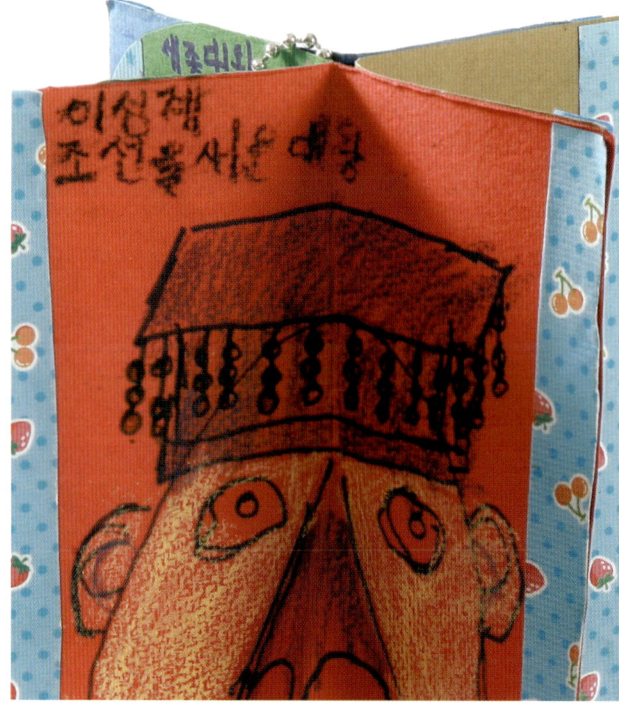

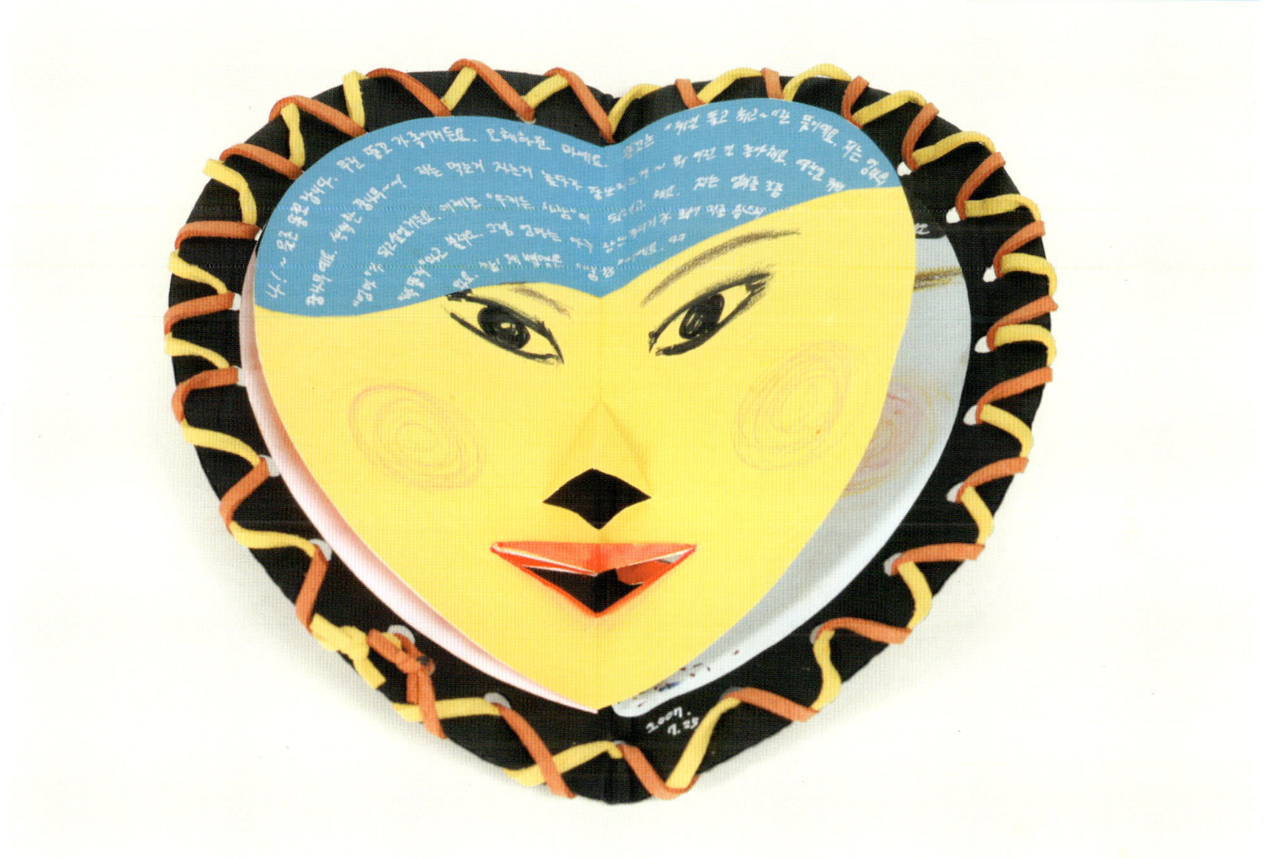

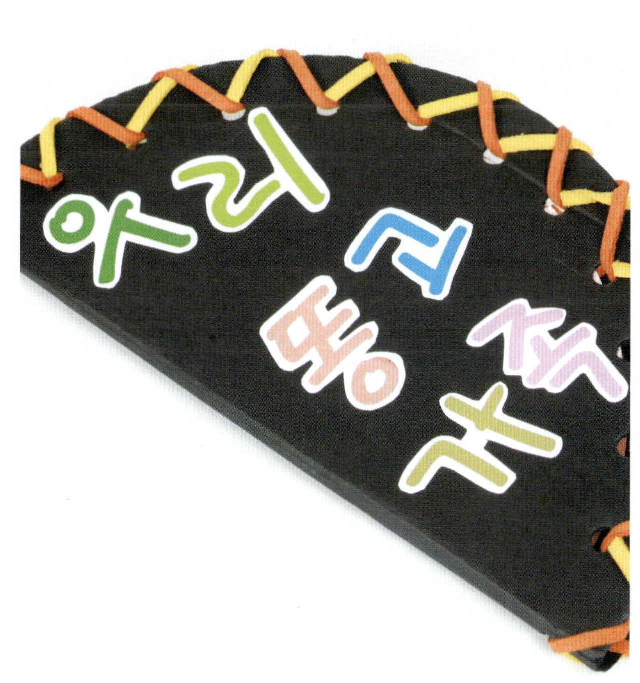

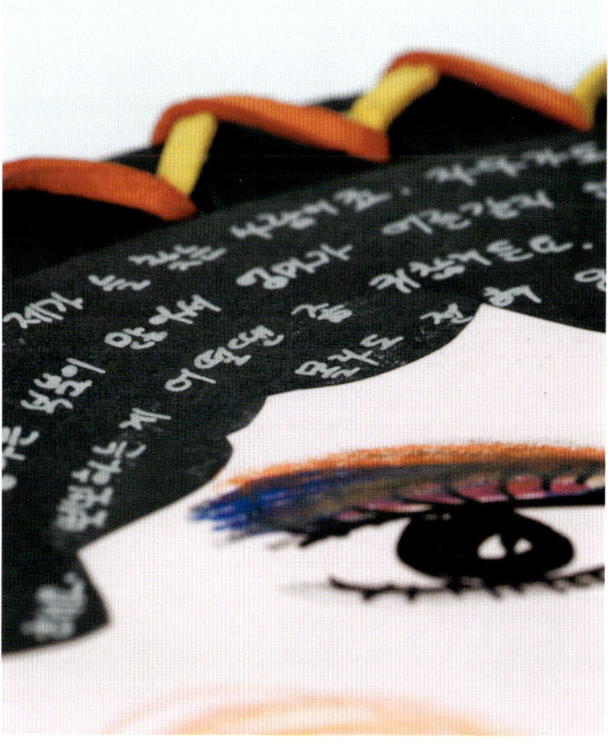

12 | 2단 깃발방식
Making books for Children

여 러 나 라 국 기

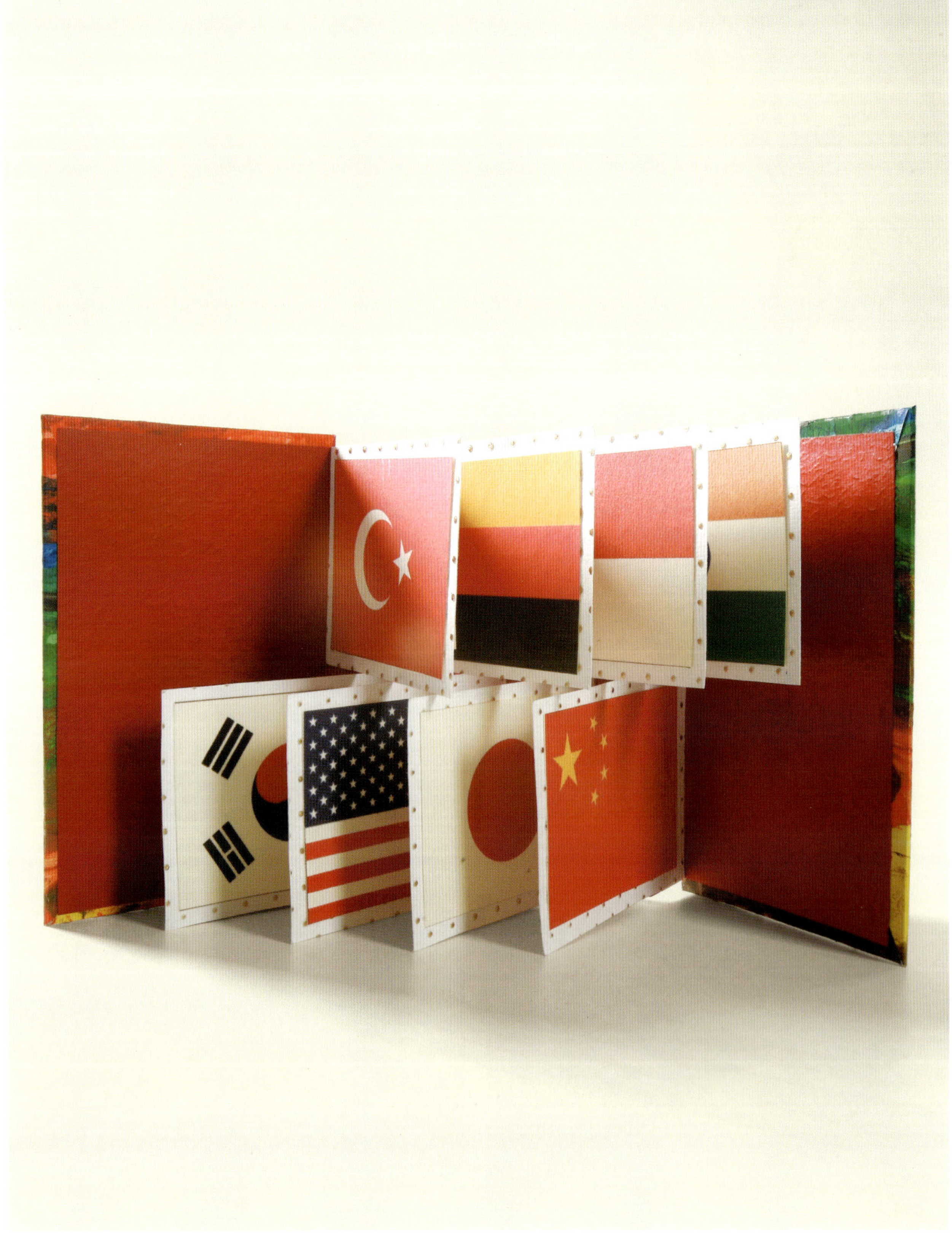

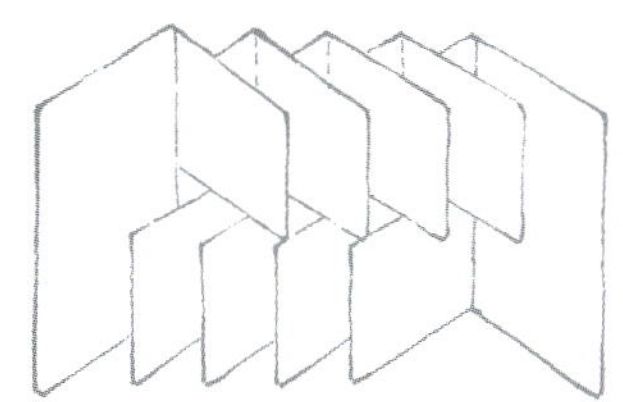

기본구조	• **2단 깃발 방식_** 미국의 헤디 카일선생님이 개발한 이 방식은 낱장의 종이를 이용해 한 권의 책으로 훌륭히 만들 수 있는 방식으로 전 세계에서 가장 많이 사용하는 방식 중의 하나이다. 3단, 4단, 5단 등 원하는 사이즈와 단 수를 만들 수 있다.
주　제	• 여러 나라 국가
준 비 물	고체풀, 가위, 자, 색도화지(40㎝×15㎝), 내지용 색도화지(9.5㎝×7㎝), 색연필, 물감, 이미지 사진 등
관련 및 도움말	• **여러 나라의 국기_** 전 세계의 나라 중에서 가 보고 싶은 나라 또는 가 본 나라, 내가 알고 있는 나라를 8개 조사해서 국기를 그려 본다. • **별자리_** 별자리란 하늘의 별들을 찾아내기 쉽게 몇 개씩 이어서 그 형태에 동물, 물건, 신화 속의 인물 등의 이름을 붙여 놓은 것으로 좋아하는 별자리를 선택해 그림으로 표현한다.
활동목표	• 3,4,5단 등 원하는 사이즈와 단수를 알맞게 제작할 수 있다. • 깃발 방식외 특징을 알고 구조에 맞게 꾸밀 수 있다.
난 이 도	🔶 상　　중　　하
지도방법	1 깃발 구조는 들어갈 내용을 8페이지로 나누어 넣어야 하므로 페이지를 어떻게 분할할지 생각해 보고 1단에 4장, 2단에 8장 내지를 준비한다.
제작시 유의사항	• 1단은 오른쪽 접은 면에 풀칠을 하고, 2단은 왼쪽 면에 풀칠을 해야 한다. 반대로 할 경우는 접혀지지 않으므로 유의한다. • 구조가 잘 맞았는지, 펼쳤다 접혔다가 할 때 부자연스럽지 않은지, 내용은 들어갔는지 확인한다.
평가관점	1 내지의 위치가 잘 들어갔는지, 위 아랫단을 활짝 열었을 때 보통 2단의 내용 위치가 뒤집어져 있지 않은지 확인한다. 2 내용은 충실하게 잘 들어갔는지 확인한다.
참고자료	• Why? 별과 별자리(예림당) • 머리가 좋아지는 퍼즐놀이 • 여러 나라 알기, 세계국기(알리딘)

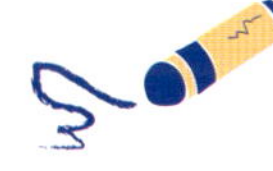

함께 만들어요

1.
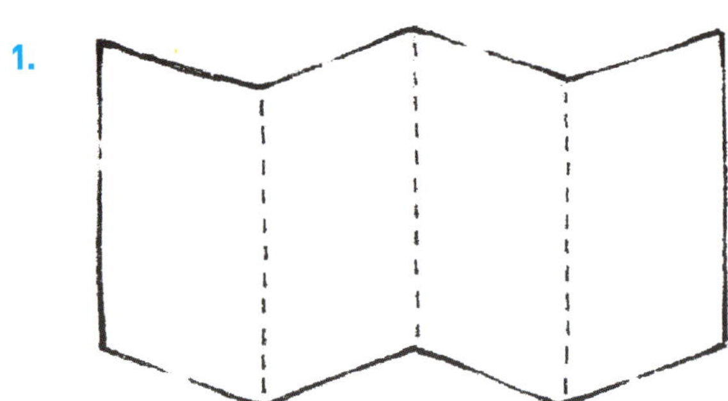

2.
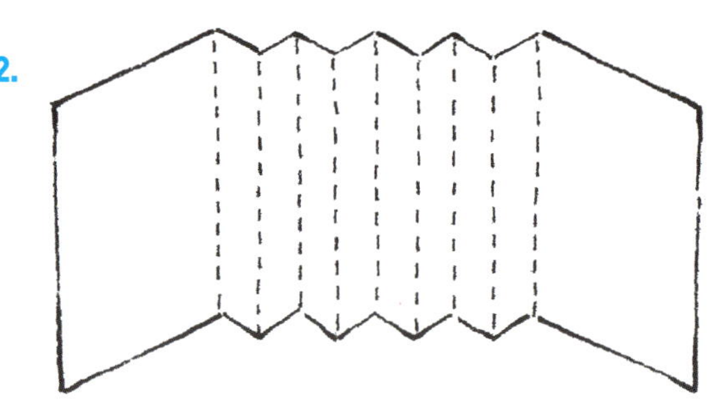

▲ 2면 3면은 각각 4등분으로 접으세요.

3.
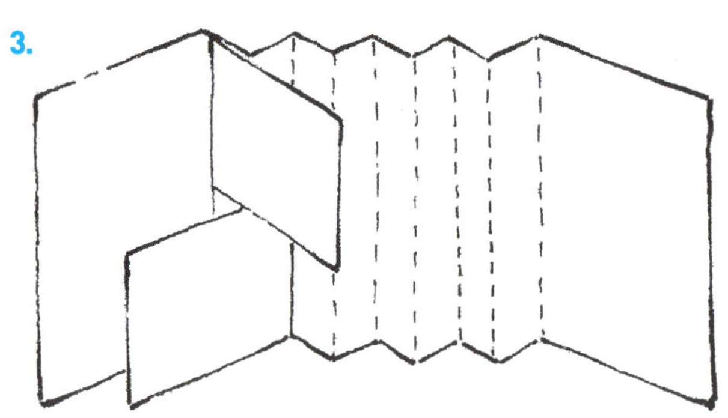

4.
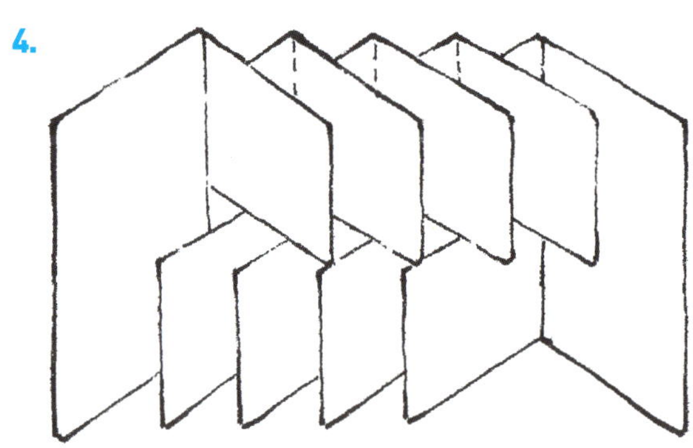

▲ 위 아래로 나누어 서로 다른 방향으로 붙이세요.

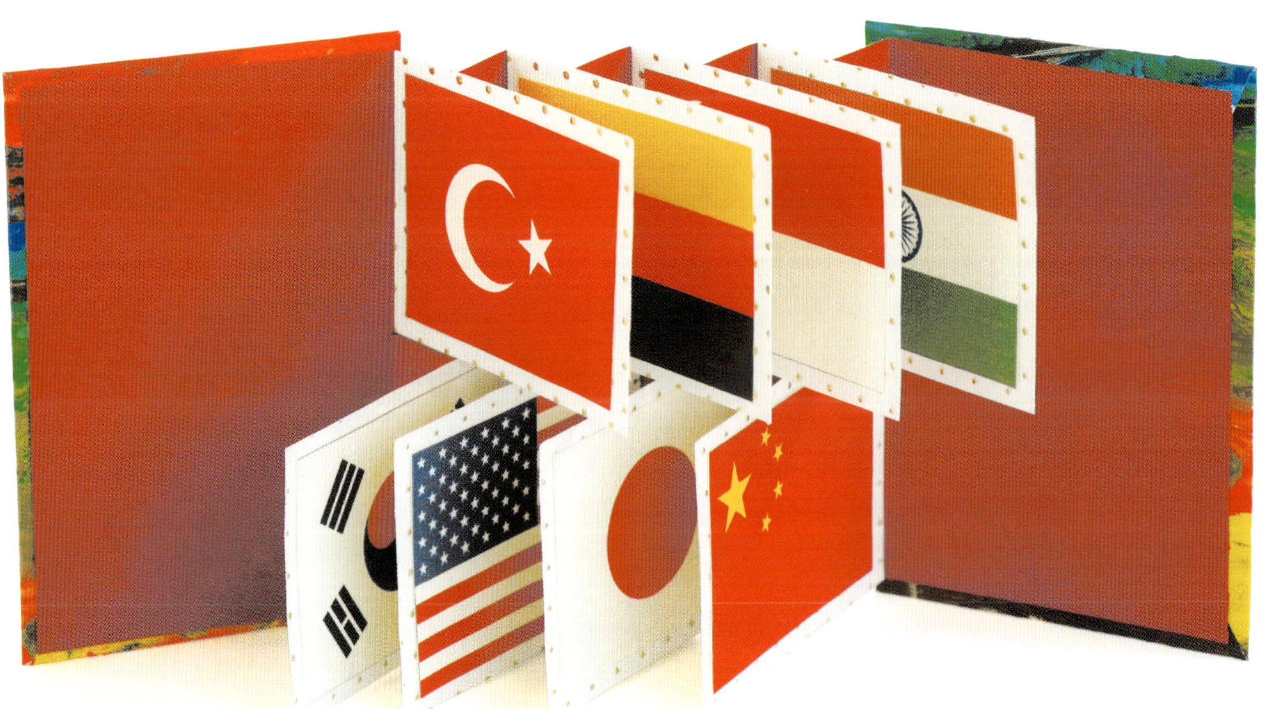

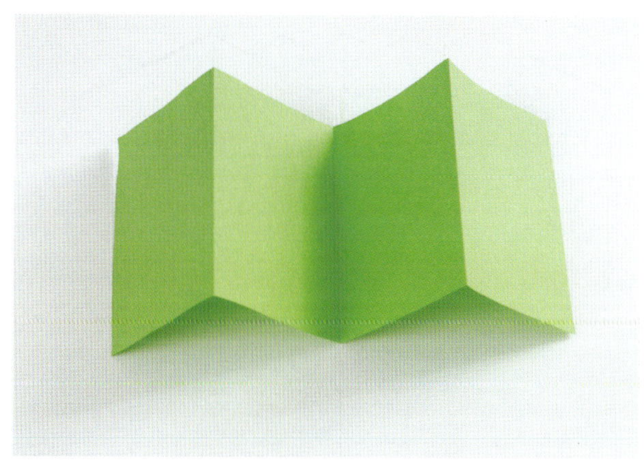

1. 40㎝ × 15㎝ 사이즈의 종이를 4등분으로 접는다.

2. 4등분으로 접은 종이에서 4면중 가운데 2면만 8면으로 접는다.

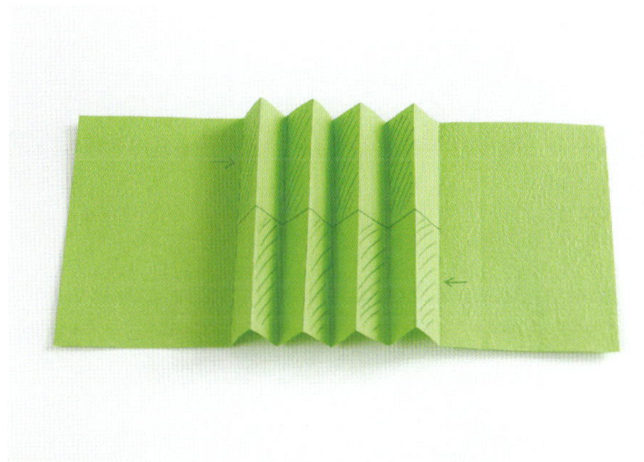

3. 가운데 나머지 면도 4등분으로 그림과 같이 만든다.

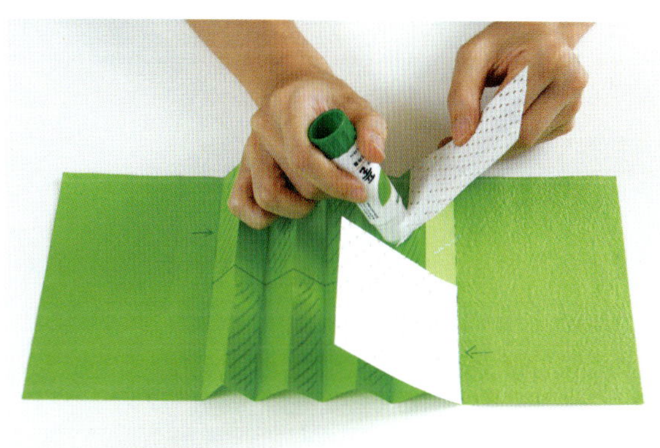

4. 준비해 둔 8장의 종이를 1면은 오른쪽 방향, 2면은 왼쪽 방향으로 붙여 준다.

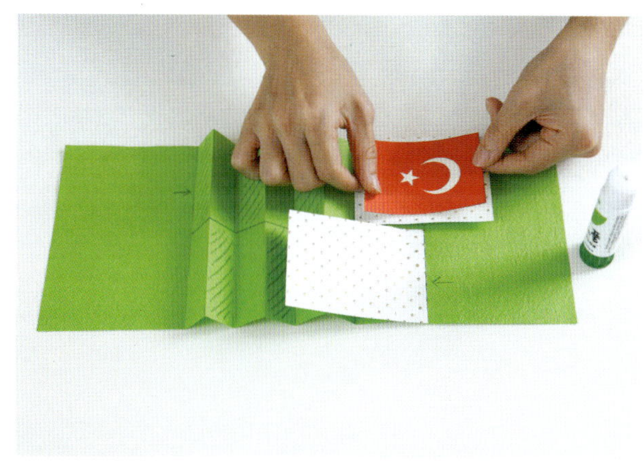

5. 붙여 둔 도화지 위에 준비해 둔 꾸밀 사진이나 그림을 올려놓는다.

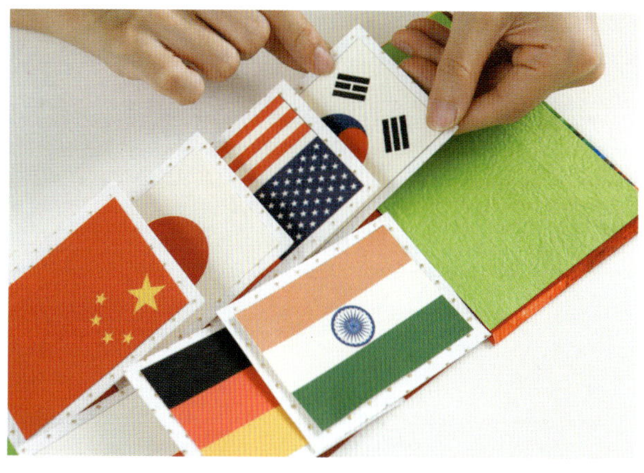

6. 8쪽의 면에 이미지를 붙이면 완성된다.

응용해 보세요

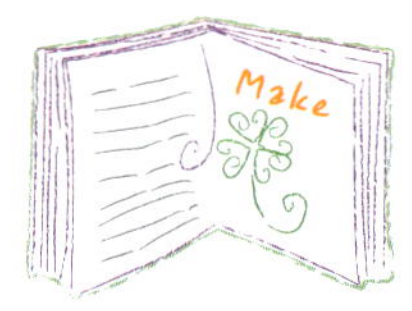

야옹이의 하루

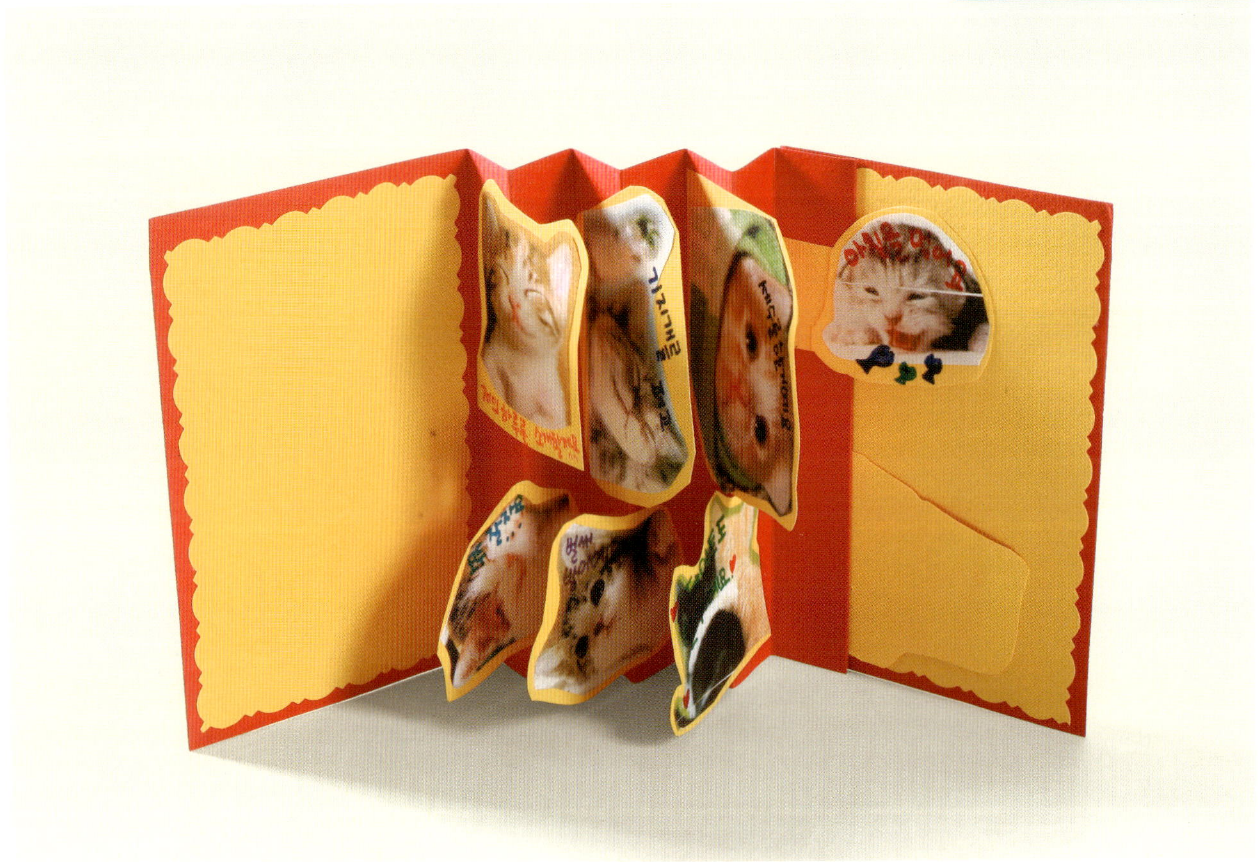

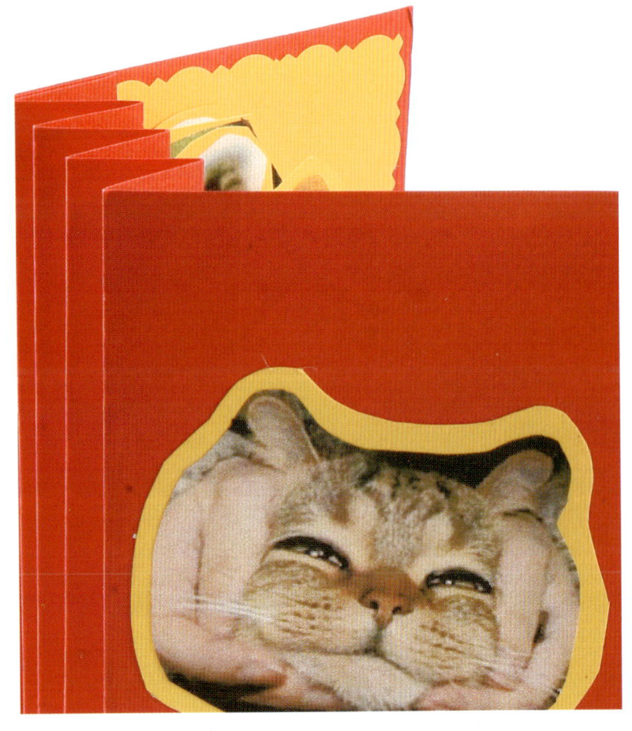

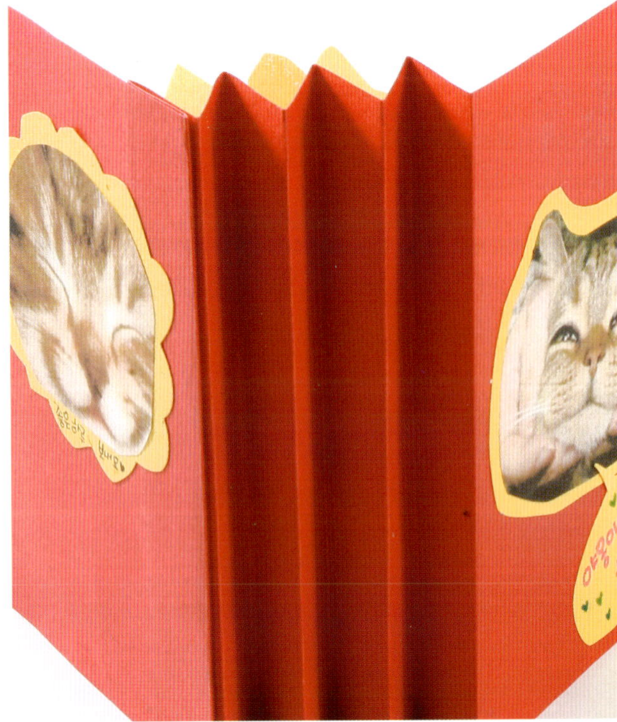

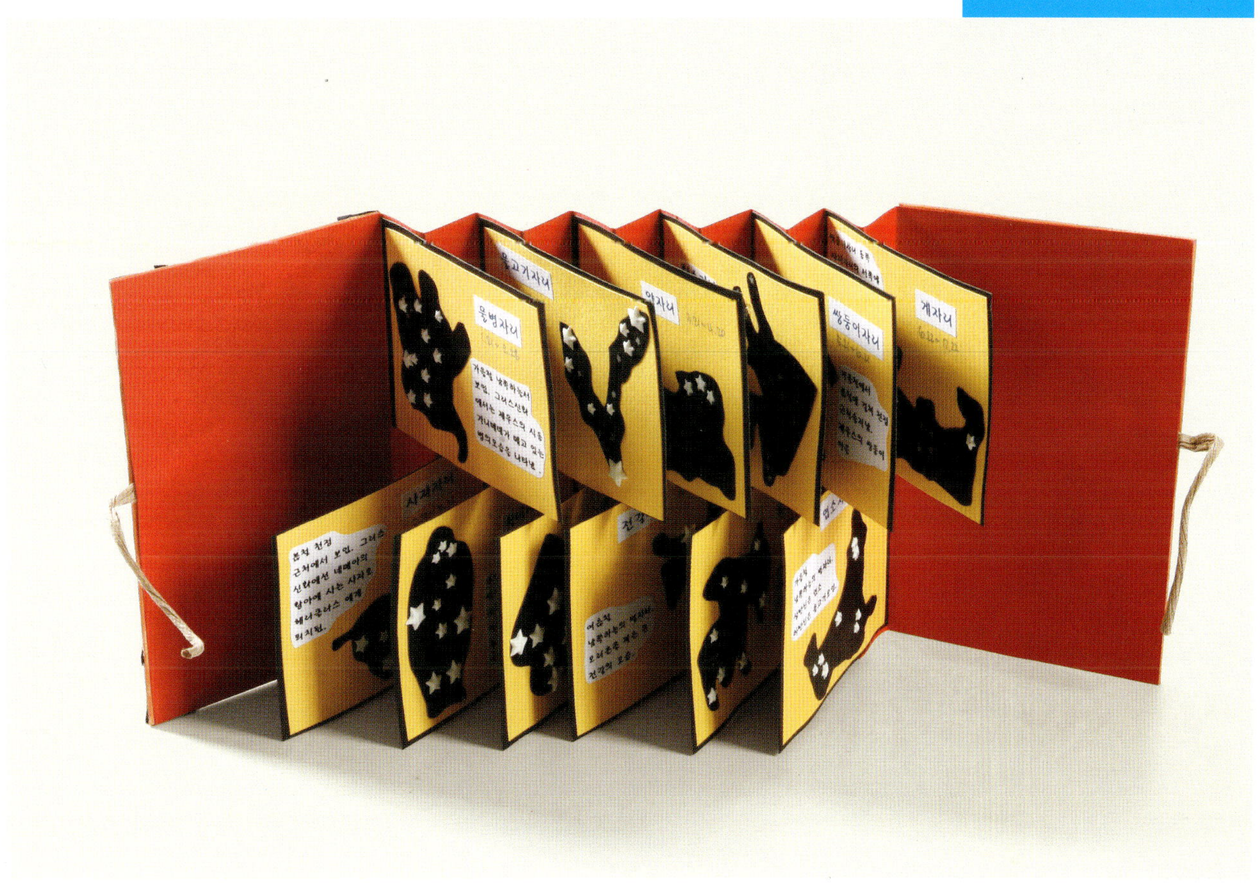

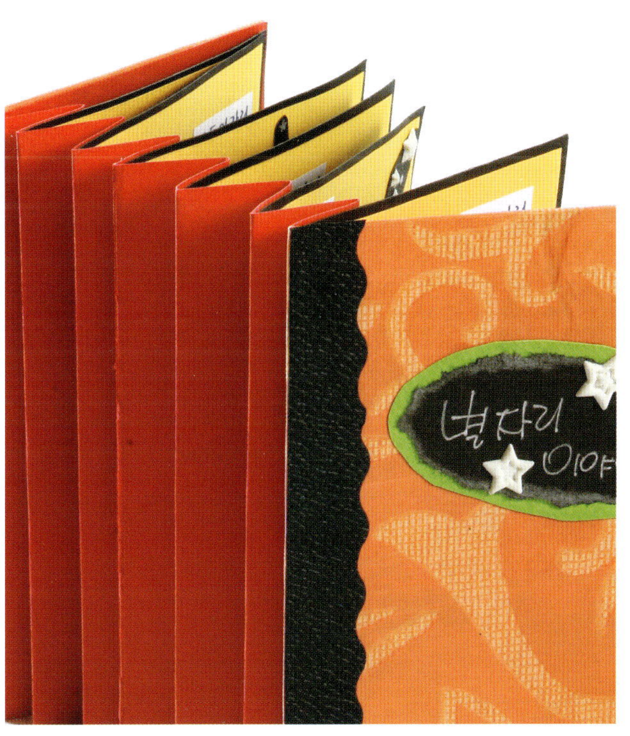

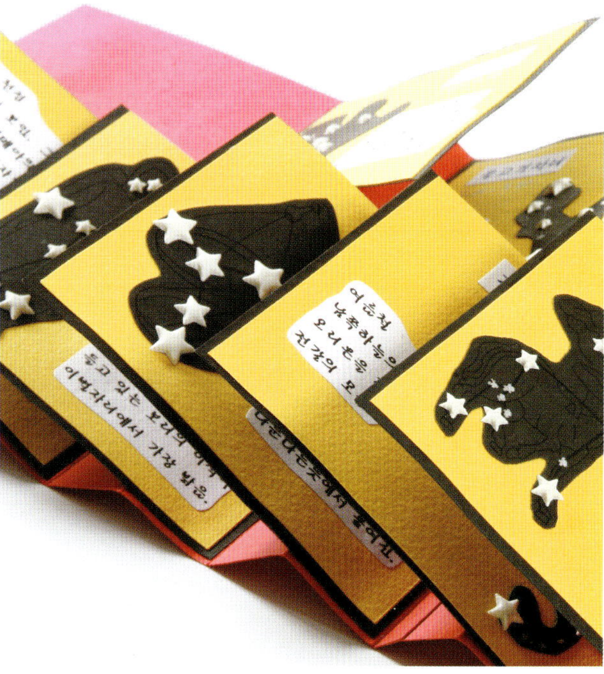

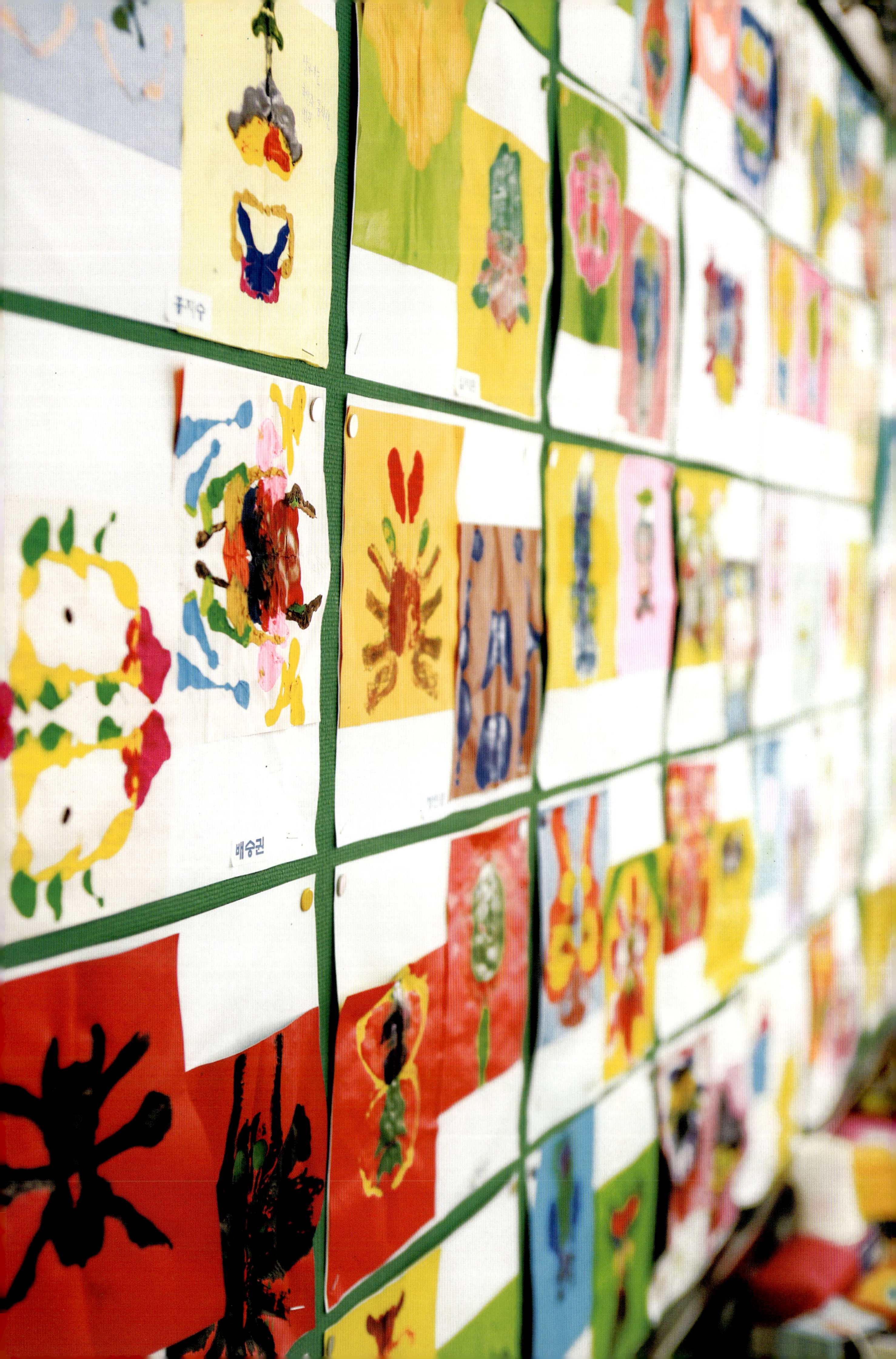

#03.
북 + 아트

어린이 북아트 실기 평가 기준

어린이 북아트 수업모습

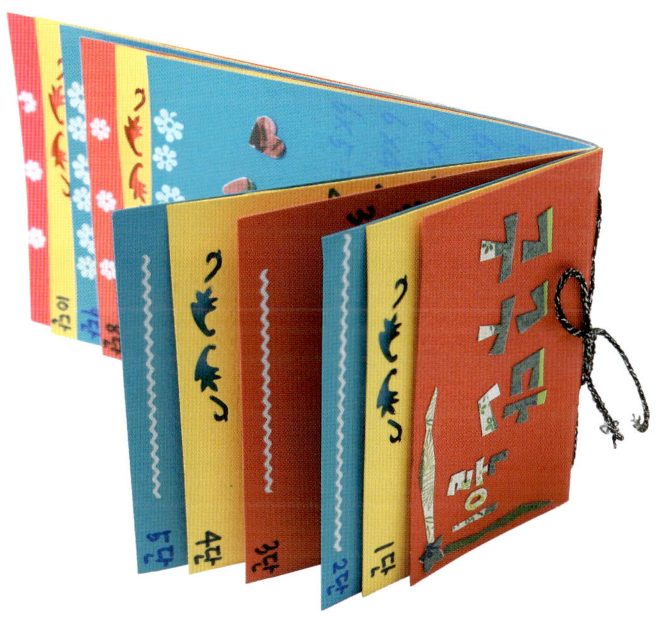

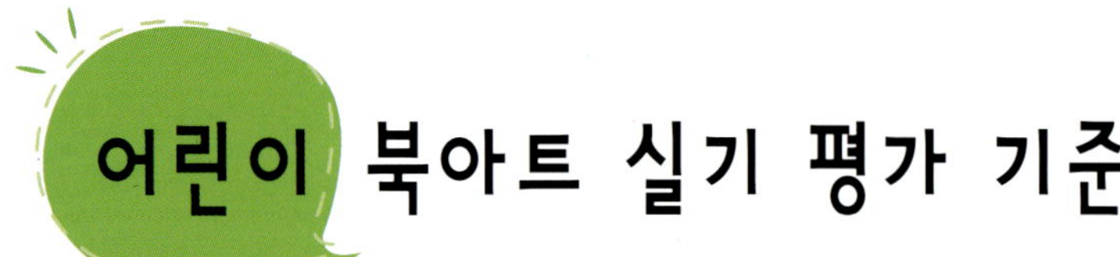

어린이 북아트 실기 평가 기준

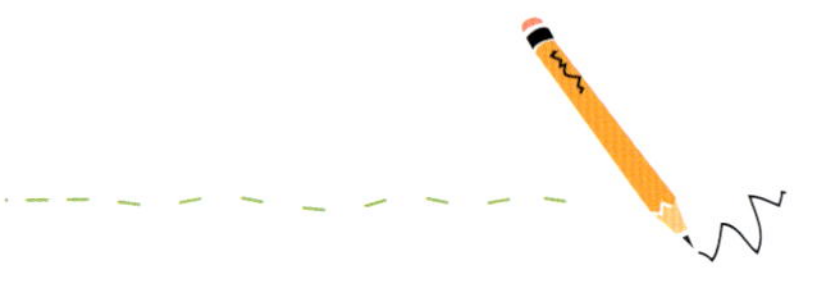

등급 ｜　　　　　　　번호 ｜　　　　　　　성명 ｜

- 해당 점수에 ∨ 표하세요
- 평가 대상 제외 작품은 1점이하로 한다.

평가제재 （　　　　　　　　　　）

평가영역	평가관점	상 10-9-8	중 7-6-5	하 4-3-2
기획의도	제작할 책의 기획 의도는 어떠한가?			
	주제 선정과 내용 전개는 어떠한가?			
내용구성	책의 체제와 글쓰기는 적절한가?			
	그림, 사진 구성과 글 내용이 잘 어우러졌는가?			
책의 구조와 조화	표지는 의도대로 조화롭게 이루어 졌는가?			
	기본적으로 책의 기능에 맞도록 처리 되었는가?			
기법	나만의 책으로 기법이 특별한가?			
	제작한 작품이 특색있게 전체와 어 울리는가?			
완성도	의도대로 완성 작품이 조화롭고 창 의적인가?			
	작품의 마무리는 정교하게 완성 하였는가?			
소 계				
총 계		총 × 2 = 　　　　 점		

총 평	

200 ．　　　．　　　．
평가자 　　　　　　　（인）

어린이 북아트 수업모습

_6면 접기(폴드)

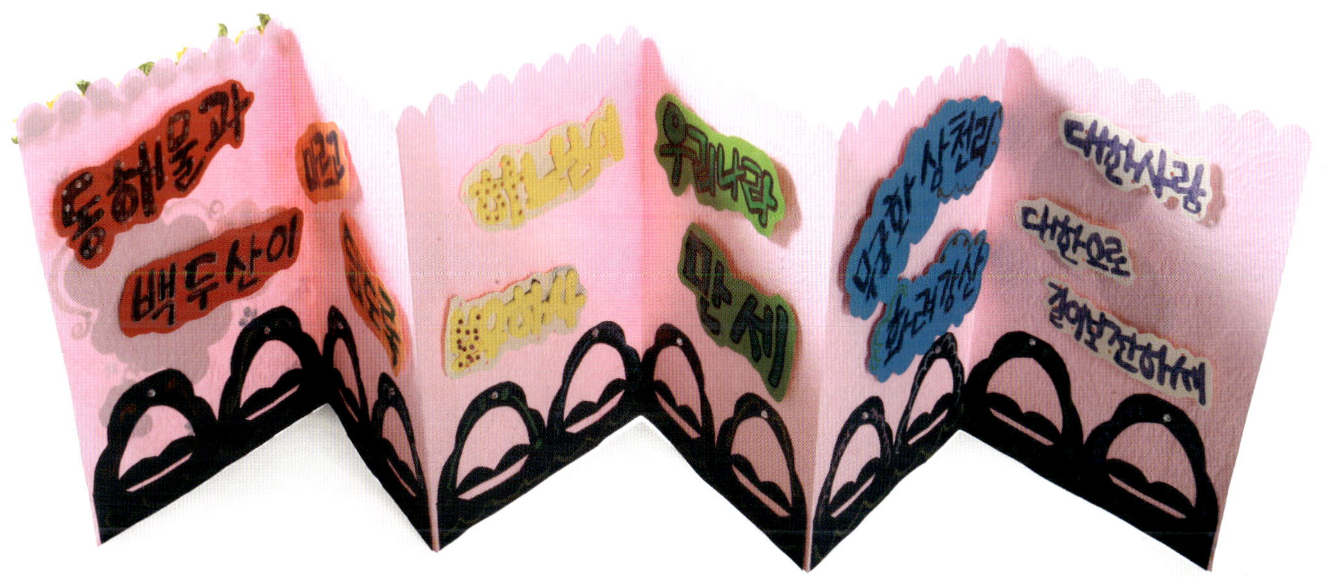

원명초등학교 방과후 수업

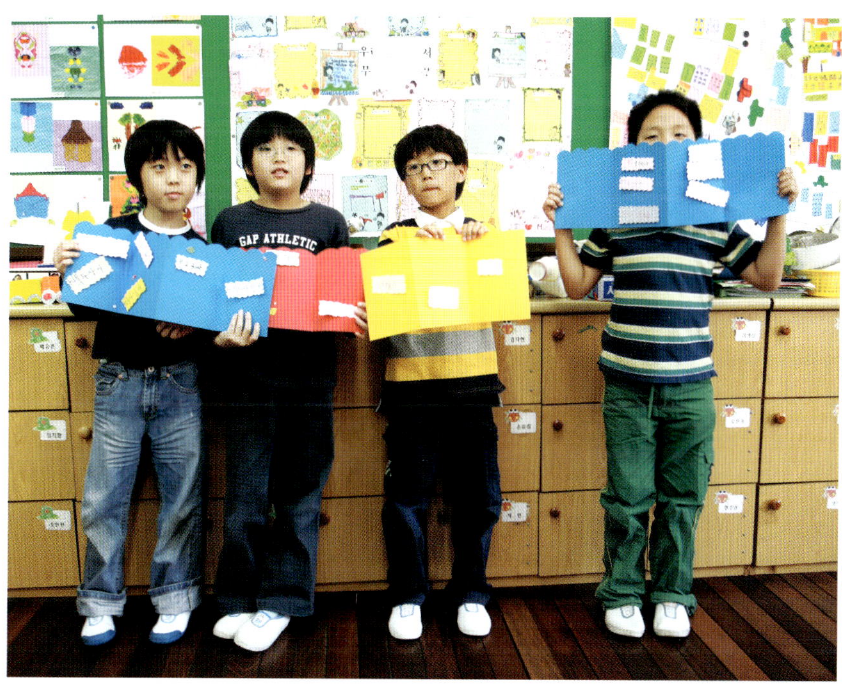

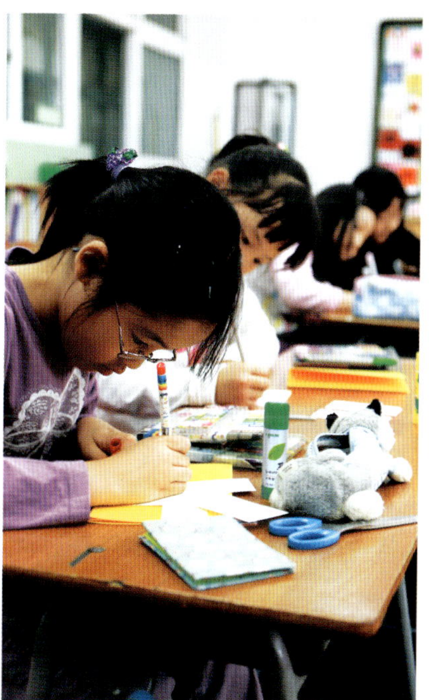

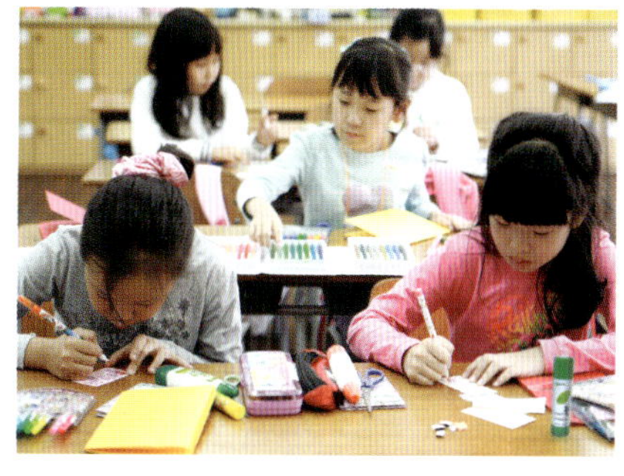

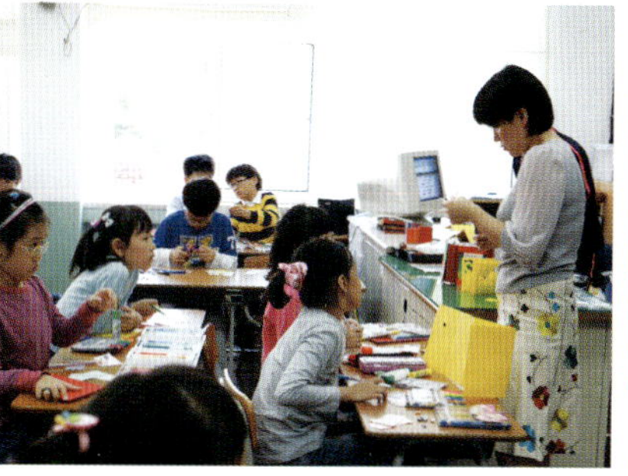

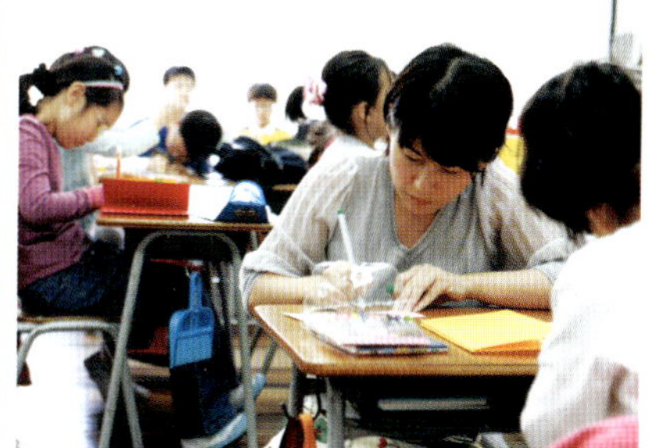

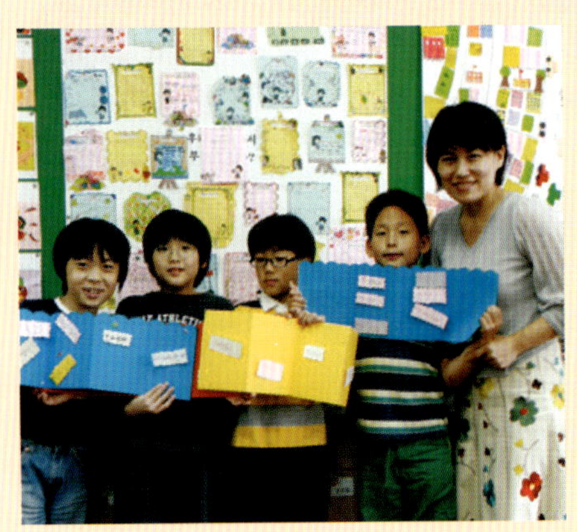

김 나래 | Kim Narae

지은이 김나래 회장(대한 북아트협회 회장)은 국내에서 가장 활발하게 활동하는 북 아티스트로 〈북아트 아름다운 책만들기〉, 〈김나래의 어린이 북아트〉, 〈키스 스미스의 북아트〉를 옮겼으며 〈Artists bookyear Book 1998~1990〉, 〈북 플러스 아트〉, 〈서태지의 낙엽지는 새〉 등을 기획했다.

북아트 지도사 2급, 1급 자격취득 교재 – 〈북아트교실 1, 2〉, 어린이 북아트 2급, 1급 자격취득 교재 – 〈어린이 북아트 2급, 1급〉를 지었다.

현재 북 아트 연구소 북프레스 대표이며, 외국에서도 실력을 인정받아 인디펜던트 지에 '세계 북아티스트 10인'으로 소개되었으며 옥스퍼드대 도서관, 시카고 예술 학교 등 세계 여러 도서관과 갤러리에 작품이 소장 전시되어 있다.

책 만들기를 통한 상상의 날개 접기

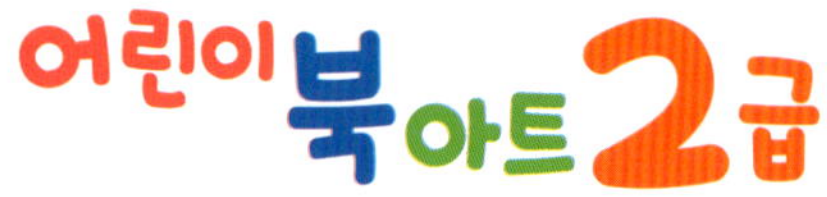

어린이 북아트 2급

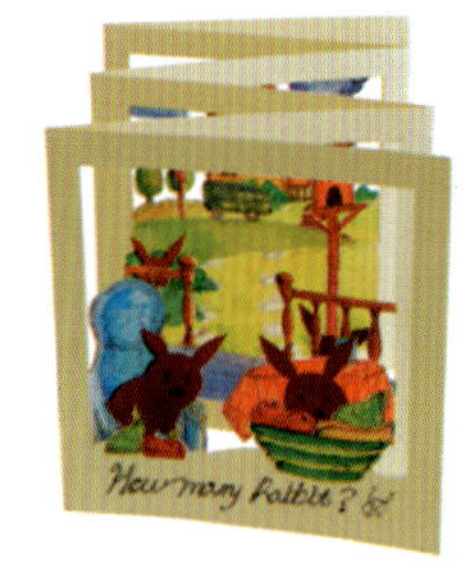

2007년 10월 27일 초판 1쇄 발행
2016년 10월 20일 초판 6쇄 발행

지은이 ㅣ 김나래
펴낸이 ㅣ 노영혜

디자인 ㅣ 북프레스
사 진 ㅣ 우영철
일러스트 ㅣ 박은경

발행처 ㅣ 종이나라(주)
등록 ㅣ 1990년 3월 27일 제1호
주소 ㅣ 우)04606 서울시 중구 장충단로 166 종이나라빌딩 7층
전화 ㅣ (02)2264-7667 팩스 ㅣ (02)2264-0671
홈페이지 ㅣ http://www.jongienara.co.kr
주문번호 ㅣ ZC2211
ISBN 978-89-7622-530-6

「어린이 북아트 2급」 자격 취득 코스!

■ 『어린이 북아트 2급』 자격취득 코스는 ───────

▶ 재단법인 종이문화재단 어린이회원으로서,
그 실력을 인정받는 어린이는 누구든지 **어린이 북아트 급수** 자격을 취득할 수 있습니다.

■ 「어린이 북아트 2급」 자격 취득을 하려면

| 1단계 | (재)종이문화재단 어린이 회원등록(무료) |

▶ 어린이(초등학생) : 「어린이 북아트 2급」
자격인정**신청서 제출**과 동시에 어린이 **회원 자동 등록**
▶ **전국 각 지부(지부장)·교육원(원장)·
재단소속 선생님** 또는 **재단 사무처**에서 **상담**

| 2단계 | 『어린이 북아트(2급)』 책에 실린 작품완성 / 신청서 / 검정료 납부 | 제출 |

▶ 『어린이 북아트 (2급)』 실기 검정
▶ 「어린이 북아트 2급 ①자격인정신청서」(뒷면)와
② 작품사진을
재단지부·교육원·재단소속 선생님께 제출,
지부가 없는 지역은 **재단본부사무처로 제출**
▶ 『어린이 북아트 (2급)』 교재의 완성된 작품과 함께
검정료 15,000원 납부

> * **검정료 납부처** : 종이문화재단 국민은행 491001-01-141963

| 3단계 | 검정 및 평가 |

▶ (재)종이문화재단 산하 한국종이문화산업평가원에서
정하는 **전국 각 지부·교육원** 등에서 **검정 및 평가**

| 4단계 | 평가 및 결과 『어린이 북아트(2급)』 자격인증서 수여 |

▶ 약 1개월 후, 심사결과 통보
▶ **합격한** 어린이는
「어린이 북아트 2급」 자격인증서 수여

* 1. 「어린이 북아트 2급 자격인정신청서」는 뒷 면의 「신청서」용지사용 바람. **(복사불가)**

* 2. 심사 소정의 서류를 갖추어 전국 각 지부(지부장)·교육원(원장) 또는 재단소속 선생님,
또는 지부가 없는 지역은 재단사무처로 우송바람.

* 3. 검정료는 신청서 등 심사 소정의 서류와 함께 납부바람.

■ 「어린이 북아트 2급」 자격취득을 위하여 **학습이 필요한 어린이**는
(재)종이문화재단 평생교육원이나 **재단소속 선생님** 또는 **전국지부·교육원**에서 「만드는 법」과 검정 평가에
합격할 수 있도록 **지도(특강·강좌 등) 받을 수 있습니다.**

■ 「어린이 북아트 2급」 자격취득 후에 상급자격인 「어린이 북아트 1급」등의 자격취득을
목표로 할 수 있습니다.

종이문화로 세계화를, 종이접기로 평화를!
접는한 **종이문화재단**
세 계 종 이 접 기 연 합

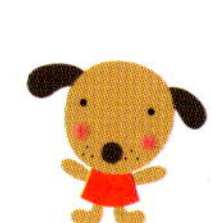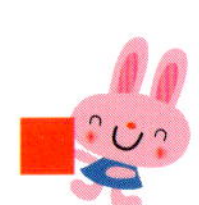

「어린이 북아트 2급」 자격인정신청서

신청인 성명	(한글)　　　　　　　　　　　(영문)

주민등록번호　　　　　　　　　　(만　　세) **전화번호 (　　　)**

우편번호 (　　　 -　　　)

집 주 소

학 교 명

학교 담임 선생님 성명　　　　　　　　　담임 연락처

학교 주소

급수·자격증 받을 곳

☐ 재단소속 선생님　　☐ 재단지부·교육원　　☐ 학교　　☐ 신청인 집　　☐ 기타

주 소

이 름

연락처

어린이 회원등록번호

※ 재단사무처　회원등록담당 기록란

※ (　)괄호 내용은 자세히 기록 바람

어린이 북아트　☐ 지도선생님 (　　　　　　　　) ☐ 기타 (　　　　　　　　)

지부·교육원 기재란	지부·교육원 명칭		지부가 없는 지역	기관 명칭	
	지부장·원장 성명			지도자 성명 재단소속 선생님	
	지부장·원장 년등록회원번호			지도양성자 년등록회원번호	
	연락처	(자 택)		연락처	(자 택)
		(핸드폰)			(핸드폰)

「어린이 북아트 2급」 자격심사를 받고자 소정의 서류 (①신청서 ②심사작품과 작품사진)을 제출합니다.

접수 확인	심사 확인	평 가

　　　　　　　년　　　　월　　　　일

신청자 성명　　　　　　　　　　　(인)

종이문화로 세계화를, 종이접기로 평화를!

종이문화재단
세 계 종 이 접 기 연 합

사무처　TEL : 02)2279-7900　　FAX : 02)2279-8333
홈페이지 : www.paperculture.or.kr